パウロの言葉100選

河合裕志

はじめに

イエスは紀元前4年頃に生まれ紀元30年頃に十字架につけられ亡くなります。その後イエスは復活して天の父（神）のもとにあげられ父の右に座するに至ります。やがて父とイエスから地上の弟子達に聖霊が送られます。この聖霊は神の霊ですが何よりもイエスの霊です。聖霊を受けたペトロら弟子達は大きな力に満たされ、もはや何者も恐れないでイエスこそメシア（キリスト）です、長く待たれていた救い主《ぬし》ですと言って伝道に当たります。その結果エルサレム教会といった原始教会が誕生します。

パウロの回心

こうしたクリスチャン達にユダヤ教の側から激しい迫害が加えられました。彼らイエスの弟子達は十字架刑に処せられた男をメシアなどと信じ偽りの宣伝をしている。また先祖伝来の律法をおろそかにしている。これは許し難い、という訳です。この急先鋒にサウロ（後のパウロ）がいました。彼は高名な律法学者ガマリエルの門下生でした。彼はキリキア州のタルソス（今のトルコ南部の町）に生まれたことですが生年は不明です。60年頃にローマで殉教したと言われています。

さてこのサウロが迫害の息をはずませてシリアのダマスコを目指し、そこにいるクリスチャンを捕縛しようと、その門近くまで来た時に突然の強烈な光に見舞われました。彼が地に倒れると「サウル（サウロのアラム語形）、サウル、なぜ、わたしを迫害するのか」との声に接します。恐る恐る「主よ、あなたはどなたですか」と尋ねると「わたしは、あなたが迫害しているイエスである」との答えが返って来ます。使徒言行録9章。これが転機となってサウロは180度の回心に至ります。紀元33年頃。イエスが復活して生きている、というのは本当だ。イエスの十字架は全ての人間の罪の償いなんだ、イエスは真のメシアなんだ、とまさに「目からうろこ」の体験をします。そしてそれからは熱烈な伝道者となり前後3回にわたる伝道旅行をします。

ただキリスト信仰のみ

パウロによってキリストの福音はエーゲ海を越えギリシアに、ヨーロッパにもたらされます。あちらこちらに信ずる群れが起こされ教会が建てられて行きます。パウロによってキリスト教は文字通り世界宗教になって行ったと言ってよいでしょう。

それは彼によってキリスト教はユダヤ教ときっぱりと袂《たもと》を分かつようになったということです。そこには彼が専門的に学んだ律法の深い理解が役立っています。従来のユダヤ教は律法宗教、律法を守ることによって人は神によって義とされる、受け入れられるとしました。その方向でパウロも精進したことですが結果は安きを得られませんでした。自分の罪の深さを知らされるばかり。こうした彼にキリストの光が射し込みます。それはただ十字架につけられたキリストを〝わがためなり〟と信じる信仰により義とされる、罪を赦され神に受け入れられる、との道でした。ここに至ってパウロは深い平安に導かれます。もはや律法の行いによる方向ではなく、ただキリスト信仰のみ。ここに全人類への救いの突破口が開かれました。

パウロの手紙

このあたりのことをパウロは多くの手紙を書いて人々に訴えました。ローマ書を始め、彼の名を記した手紙が13通残され、2千年の時を越えてなお今日手にすることができることはなんと幸いなことでしょう。以下に本書で取り上げる4つの手紙を概説します。

『ローマの信徒への手紙』はパウロがコリントにいた時、紀元50年代にローマの信徒に向けて書かれたもので彼の代表的書簡、その神学思想が明瞭に記されています。その3章の「信仰による義」は中心になる箇所で、のちに宗教改革者となるマルチン・ルターを深くとらえました。

『コリントの信徒への手紙一』も紀元50年代に、小アジア（現トルコ南西部）のエフェソから書き送られました。コリント教会からの問い合わせに答える形のものが顕著ですが、その中の13章「愛」、15章「復活」等は圧巻です。

『コリントの信徒への手紙二』はやはり50年代ですがマケドニア（ギリシア北方）から送られました。パウロの体験や感情が率直に述べられ興味を引かれます。4章「土の器」、12章「一つのとげ」等深く考えさせられます。

『ガラテヤの信徒への手紙』はエフェソかマケドニアで50年代に著わされまし

た。6章と短いものですが「福音の真理」を守る戦いが強い調子で述べられ、また「キリストがわたしの内に生きておられる」といった深い信仰にふれることができます。

以上の四書、四大書簡はパウロの代表的な最重要の書簡となります。その他の書簡からのものは割愛させて頂きました。

どうぞ読者の皆様においては、パウロの今も生き生きと語りかけて来る、その言葉、信仰と思想、生き様に親しく接してほしいと思います。そして結局のところパウロを生かしてやまない生けるキリストとの出会いに導かれれば幸いなことです。このようにして私達は今日なお多くの苦悩と課題に取り囲まれながらも希望を失わずに歩んで行くことが出来ます。

皆様の上に父である神と主イエス・キリストからの恵みと平和が豊かにありますよう祈ります。

２０２０年11月

新幹線の見える丘の教会にて　河合裕志

・聖書は日本聖書協会発行『聖書　新共同訳』を使用。

パウロの言葉１００選　もくじ

「コリントの信徒への手紙一」より

「コリントの信徒への手紙二」より

「ガラテヤの信徒への手紙」より

パウロの言葉１００選

1　キリスト・イエスの僕《しもべ》、神の福音のために選び出され、召されて使徒となったパウロから

ローマの信徒への手紙1章1節

イエスには12人の弟子がいた。使徒とも言われた。そしてここに少し遅れてイエスの弟子・使徒になった者がいた。それがパウロ。パウロは直接イエスに会ったことはない。イエスの事は話に聞いているだけ。そして聞く程にパウロの心は穏やかではなかった。

なぜ？　①クリスチャン達は十字架につけられ殺された者をメシア（救世主）と信じていたから。犯罪人がなぜメシアなのか。デタラメも程々にしろ。②彼らはイエスが死んだあと復活して今も生きていると言っていたから。なんと馬鹿馬鹿しい。ふざけるな。

パウロは熱心なファリサイ派のユダヤ教徒としてこの偽りの新興宗教を許せないと思った。そこで彼はクリスチャン狩りを始めた。これを捕縛しては大祭司のところに連行した。この迫害行動はイスラエル国内から始まったがそれでは飽き足りず外国にまで手を伸ばすことに。

こうしてシリアのダマスコ（今日のダマスカス）に向かうことになる。そこにもクリスチャングループがいるとの情報を得たので。仲間の者達と迫害の息をはずませてダマスコに急ぎ、よ

うやく前方に町の城壁が見えたあたりに来た時、「突然、天からの光が彼の周りを照らした。サウロは地に倒れ、『サウル、サウル、なぜ、わたしを迫害するのか』と呼びかける声を聞いた。『主よ、あなたはどなたですか』と言うと、答えがあった。『わたしは、あなたが迫害しているイエスである』」（使徒言行録9章3～5節）。

サウロとかサウルというのはパウロの以前の名前。ここで彼はイエスの声に接するという体験をする。3年ぐらい前には死んでいる筈のイエスからの語りかけ。これにはパウロは大変に驚き、以降イエスの復活を信じる者となり、更にイエスの十字架はわが罪が赦されるための身代りであることを悟るに至る。まさに180度の回心。そして今度は熱心なイエスの弟子、使徒、伝道者となってしまう。

パウロはこのローマ書（正式には「ローマの信徒への手紙」。コリントで紀元50年代に書かれた）の冒頭、「キリスト・イエスの僕」と記す。イエスとその弟子達を激しく嫌ったパウロは今は自分はイエスの僕です、と誠にしおらしい。イエスはわがご主人様、自分はその召使。人間変われば変わるもの。イエスの声がかかるかかからないかで。

2　あなたがたにぜひ会いたいのは、〝霊〟の賜物《たまもの》をいくらかでも分け与えて、力になりたいからです

ローマの信徒への手紙1章11節

パウロはローマの信徒に会いたがっている。なんでそんなに会いたい？　それはぜひ力になりたいので。力になる、どうやって。何か経済的援助でもしようというの？　どうもそういうことではないよう。

〝霊〟の賜物をいくらかでも分け与えて、ということのよう。〝霊〟とは聖霊のこと。聖霊とは復活したイエスの霊のこと。今イエスは栄光の体となって天の父なる神の右に居る。そしてまたイエスは聖霊として信じる者と共に居る。

この聖霊は肉眼には見えない。風のよう、息のよう。信じる者の部屋を訪れる。心に宿る。そしていろんな賜物をもたらしてくれる。賜物、元のギリシア語ではカリスマ。神から賜わった才能のこと。聖霊から、イエスから賜わったと言っても同じこと。

具体的にはどんなものがあげられる？　パウロがコリントの信徒への手紙一12章であげているところによれば……イエスは「主」であると言える、知恵の言葉、知識の言葉、信仰、病気

をいやす力、奇跡を行う力、預言する力……。

なかなかバラエティーに富んでいる。一人の人がこの全部を頂くのではなくAさんにはこれ、Bさんにはこれといった具合。ただイエスは主であると言えるとか信仰は共通している。イエスは主とはイエスはわが救い主と信じられる、ということ。2千年前に生き死んだイエスが実は私の救い主なんだと認められる、これは聖霊によらなければ不可能なこと。

個別には優れた知恵者、知識の保有者、病気をいやす者――これは今日で言えば医師ということに。医師は学問・技能を積んで国家試験に合格すればなれるけど、そこには神から与えられた才能がなければ難しい。この他にもカリスマシェフとかカリスマ美容師とか様々あげられそう。ただ他の人と較べて特別に優秀ということでなくても神は人それぞれに何らかの賜物を与えていることとは覚えていたいもの。

ところでパウロはローマの信徒に力になりたいと言った。パウロは先程あげた賜物の全てに恵まれていた稀有な人。全てに突出。そのいくらかでも分け与えたいとはパウロなら言えること。私達はそういう訳には行かない。ただ誰も多少のものは与えられている筈なのでそれをもって人様の力に少しでも役立てれば幸い。

3　わたしは福音を恥としない

ローマの信徒への手紙1章16節

パウロにとって福音というのは「十字架につけられたキリスト」だった。そのことによって人類に罪の赦しがもたらされるというものだった。

しかしそれを恥ずかしいと思う人が少なくなかった。

①多くのユダヤ人がそう見ていた。「木にかけられた死体は、神に呪われたもの」と記されているところに従ってそう見なさざるを得なかった（申命記21章23節）。十字架にはりつけになったキリストは恥ずべきものだった。

②ギリシア人にもそう思われた。彼らは高尚な哲学の探究を好んだ。十字架についての教えは愚かしいものとうつった（コリントの信徒への手紙一1章23節）。ギリシア人は外国人を代表。ユダヤ人以外の多くの人々の目にも十字架はそんな風にみなされた。

そうした中にあってパウロは「わたしは福音を恥としない」、むしろ十字架につけられたキリストを誇りとすると断固主張した。なぜそう言うのか。その点を次に続けて述べている。「福音は、ユダヤ人をはじめ、ギリシア人にも、信じる者すべてに救いをもたらす神の力だからです」。

普通、神の力と言うと神による天地創造のわざが覚えられる。創世記などによれば神によって、その発する言葉によって次々と天地が創造されて行くのだからその力はすごい。まさに全能。

ところでパウロはここにも神の力が発揮されているよ、と言う。それが福音によって全人類に救いをもたらすというもの。創造のわざに対しては救済のわざということに。確かにこのわざも大きなものと言わねば。ユダヤ人をはじめギリシア人にも、つまり全人類、分け隔てなく救ってしまうということなのだから。

ただそう言ってもそこに「信じる者」という限定は残る。この点は無差別にという訳には行かない。福音＝キリストは私の罪が赦されるために十字架について犠牲となって罪の赦しをもたらしてくれたというグッド・ニュース。これを信じるかどうか。有難く受け入れるかどうか。この点に関しては個人の判断にゆだねられる。

ただ神とキリストの願い、そしてパウロの願いは信じる者になってほしいということ。信じてくれなければキリストの死は無駄になってしまう。神の救済のわざは宙に浮いたままになってしまう。神は全能だけれど個人の心の扉をこじ開けることは難しい。

4　世界が造られたときから、目に見えない神の性質、つまり神の永遠の力と神性は被造物に現れており、これを通して神を知ることができます

ローマの信徒への手紙1章20節

神は目に見えない。神は果たしているのかいないのか、見当がつかない。見られるものなら信じられるのだけれど。

これに対してパウロは「これを通して神を知ることができます」よ、と言う。これ、って何？　被造物。被造物って何？　神によって造られたもの。平たく言えば自然のこと。

聖書の創世記を見ると神による天地創造のことが記されている。天は太陽、月、星々。地は地球、その陸、海、そこに見られる植物、動物、最後に人間も。

これらを通して、これらを観察することによって神は知られるよ、その存在とかがわかって来るよ、とパウロは言う。本当かな、一寸わからない。聖書にある詩編の中にこう歌われている。「天は神の栄光を物語り、大空は御手の業《わざ》を示す」（19編2節）。昼に輝く太陽、夜に輝く月、星の数々。これらを観察することによって、これらの存在の背後に神の存在を感じる。雲の形、

色彩に神による芸術作品を覚える。天が偶然的に存在しているとは思われない。それらを動かしているものがいるのではないか、と考えられて来る。

地球に目を転じてみても、動植物、様々な生物の存在。そのどれ一つをとっても精巧に出来ている。蟻一匹を造ることも人間には容易でないだろう、人間自身についてもその作りの絶妙なこと。脳細胞だけでも１４０億の細胞から成り立っている。そっくりな人間一体を造るとなるとこれは殆ど不可能。生物は適者生存の法則に従い進化して来たという見方を否定はしないけれど、その大本、根源には神なるものがいて、その意志によって万物は存在するようになった、こう見てはいけない？

神がいるのか、いないのか。神はどういう存在か。それは聖書を通して明らかにされるけれど、パウロはその前段階でもある程度は知ることができるよ、とここで言った。いわば自然は第二のバイブルと言うことに。この自然界をよく読めば神の存在、その働きはわかって来るよ、と。

日本人は自然を愛でる。花鳥風月を愛でてやまない。あるいは山や川、木や岩を。日や月を。これは結構なこと。そしてこれら万象の背後に神を、天地の創造者を認めることが出来れば更に結構。

5　そこで神は、彼らが心の欲望によって不潔なことをするにまかせられ、そのため、彼らは互いにその体を辱めました

ローマの信徒への手紙1章24節

「そこで」というのは前段を受けている。つまり人々が「滅び去る人間や鳥や獣や這うものの像を造って神として拝んでいることを指している。

そこで神は彼らが不潔なことをするに「まかせられ」た、と。まかせる、これは私達の間でもよく行われるところ。「あとの事は君にまかせるよ。思うままにやりなさい」。人から信頼されて任せられることは嬉しいことだけれど、今の場合はどうもあんまり嬉しいというものではなさそう。

これは神の罰といった響きがある。うっちゃる、投げ置くといった感じ。放置、投げ捨てる。不潔なことをするままにさせて置く。罪を犯すに任せる、ここにすでに神の罰が示されているんだよ、ということ。

神の罰というと最後の審判があってそこで罰を受けるに相当する者が罰を受ける、と言ったりする。しかしパウロによれば罰は将来を待つこともなく今、現在に見られるんだよと言う。

それは神がこのヤローと思ってその人に何か痛い目に会わせるというより、不潔なことをすることに自ら好んで陥っている、それ自体が罰を受けていること、罰を自ら招き寄せている、ということ。本人は自覚していないのだけれど神罰を受けてる状態だということ。

具体的にはどんなこと？「女は自然の関係を自然にもとるものに変え、同じく男も、女との自然の関係を捨てて、互いに情欲を燃やし、男どうしで恥ずべきことを行い……」。これは紀元1世紀に多く見られた同性愛を指しているよう。ここには男と女の結びつきが自然の関係、正常といった考え方がある。神はアダムとエバを造ったのではないか。「男は父母を離れて女と結ばれ、二人は一体となる」（創世記2章24節）と記されているのでは？「産めよ、増えよ」と。

確かにそう。これが本来あるべき姿。ただ中には生まれつき同性愛の傾向をもった人々がいるということについては今日一定の理解が求められる。パウロのように一刀両断に同性愛は悪と決めつけられなくなっている。この点は踏まえておかねば。

ただ、情欲をほしいままに突っ走るということには警戒。不倫行為は避けるべき。レイプなんかもっての外。性の商品化はよくない。どうもわが国はこうした方面にとっぷりつかっているのでは。神の罰に気付かねば。

6　神は人を分け隔てなさいません

ローマの信徒への手紙2章11節

パウロは随分と思い切ったことを言う。「すべて人を裁く者よ、弁解の余地はない。あなたは、他人を裁きながら、実は自分自身を罪に定めている。あなたも人を裁いて、同じことをしているからです」（2章1節）。これはパウロの同胞のユダヤ人に向かって言っている。ユダヤ人はかねてユダヤ人以外の異邦人に対して、お前達は神を信じないで様々の悪事に手を染める罪深い人々だと裁いていた。俺達は神の選民で優秀な民族だと誇っていた。そんな彼らにパウロは水をぶっかけた。あなたも人を裁いて同じことをしているじゃないか。自分だけ棚に上げて。

これはユダヤ人のプライドを傷つけるに充分だった。彼らの怒りは煮えたぎる。パウロはただではすまされない。しかしパウロからすればこれは本当のところだから言わざるを得なかった。同胞の罪を指摘して彼らに悔い改めてほしい、と。

そしてパウロは言う。「神はおのおのの行いに従ってお報いになります」（2章6節）。そこにはその者が異邦人なのかユダヤ人なのか、そういう区別はないんだ。神は公平に各自の行いを注目するんだ。善を行う者には永遠の命を与える、不義を行う者には怒りがくだされるんだ。とに角「神は人を分け隔てなさいません」、こうパウロは言い切った。実に胸がスッキリするような言い方。

パウロにとっての神は公平無私な存在ということ。この点人間とは対照的。人間は公平であることが難しい。男であるか、女であるか、どこの学校を出たか、国籍はどこか。こういうことで人を差別する、分け隔てをする。違った扱いをする。

本当はその人その人の実力にこそ目を注ぐべきなんだ。その人の人柄とか意欲とかを見るべきなんだ。ところがそうなっていない。情実とかもからんでくるから厄介。公平な判断が人間には不得手。

この点パウロの見るところ神は民族差別は超えていた。何人《なにじん》であろうがおかまいなし。その人の行い次第だよ、と言うこと。その者は善を行う者か、それとも悪を行う者か、そこだけを見るよ、と。

これは大事な視点。この事を覚えて善を行うように心がけたいもの。ただ、一方で私達は善人になり切れない弱さ、罪深さを持っている。これはイエスの十字架によって赦してもらわねば。そして赦された者として、イエスの助けを頂きながら善に向かう者になれれば幸い。

7　あなたは他人には教えながら、自分には教えないのですか

ローマの信徒への手紙2章21節

パウロは同胞のユダヤ人に対して「あなたはユダヤ人と名乗り、律法に頼り、神を誇りとし、その御心を知り、律法によって教えられて何をなすべきかをわきまえています」と述べる。ユダヤ人は自分達には律法が与えられていることを誇っていた。律法とは十戒を頂点とする様々な戒め、教え、規則のこと。あるべき神との関係、人と人との関係が定められている。

そして彼らは自分達は「盲人の案内者、闇の中にいる者の光、無知な者の導き手、未熟な者の教師であると自負」していた。彼らにはユダヤ人以外の異邦人は盲人、闇中の者、無知・未熟な者とうつっていた。この連中に教えてあげねば。案内者、光、導き手、教師となって人の踏むべき道を示してあげねば。こう彼らは考え実践した。特にユダヤ人の中でも律法学者やファリサイ派の人々が熱心だった。彼らは律法の専門家として専心これに当たった。

こうした彼らの姿を見てパウロは言う。「それならば、あなたは他人には教えながら、自分には教えないのですか。『盗むな』と説きながら、盗むのですか。『姦淫するな』と言いながら、姦淫を行うのですか」。

これは痛い、誠に痛い。ユダヤの人々にとって、律法の指導者らにとって爆弾のような言葉。ガーンとやられた感じ。あるいは水を頭からザブンとあびせられた思い。なんとも赤面の至り。

このような歯に衣を着せぬ言い方はパウロでなければよくなすことの出来ないところだけれど、実はイエスがそうだった。当時のユダヤ社会におけるエリート、指導者である律法学者やファリサイ派の人々にイエスは単刀直入に言った、あんた方は偽善者ですよ、と（その様子はマタイによる福音書23章に詳しい）。

ところでこのパウロの言葉は今日次の人々に命中するのでは。牧師、宗教家、学校の先生……およそ人を教える立場にある人にぴったり当てはまるのでは。世の親御さんにも。牧師を筆頭に上げたのは毎週日曜礼拝で説教しているから、聖書の教えを説き明かしているから。

誠に教える前に自己吟味が迫られる。まず自分を教えているか、教えに沿って生きているか、悪事を働いていないか。イエスによる罪の赦しと罪の清めを願わざるを得ない。そう願いつつ教える務めを果たして行ければ。

8　人はすべて偽り者であるとしても、神は真実な方であるとすべきです

ローマの信徒への手紙3章4節

「人はすべて偽り者」とはずいぶんと思い切った言い方。「すべて」と言って例外を認めない。それは言い過ぎじゃない？　中にはいい人もいるんじゃない？　正直な人もいるのでは。確かに世の中にはいろんな人がいる。よく偽る者がいる。そうでない人もいる。それを「すべて」と決めつけるのはどうかな。どうも賛成できない。偽り者がいないとは言わない。そんなことはとても言えない。しかしすべての人間がそうではない。

ただどうなんだろう。正直な人、いつもいつも正直なのかな。これまでの歩み、正直一本で来られたのかな。ウソ、偽りは一回も口にしたことがないのかな。こう問われれば解答いかに。あの時ウソをついてしまった。ごまかしてしまった。そういうことってあるのでは。

ただこういうことはあると思う。それはウソついたこともあるけれど、しかしそれで相手に損害を与えたことはない。痛く傷つけたことはない。ウソも方便と言うでしょ。場合によっては許されるウソもある。その位は大目に見てよ。1から10までウソはダメということはない。

ウソが時に人を助けることだってあるよ。

なるほど、なるほど。そうだよね。衣服のあまり整っていない人がいるとしてその人を励ますつもりで、あるいは御世辞から、素敵ですよ、とウソを言ったりする。

人助けはどう。聖書にこんな話。モーセの後継者となったヨシュアがエリコの町を攻略するに当たり二人のスパイを送り出し探らせる。そして遊女ラハブの家にいた時に、その事が知られ官憲はラハブにその者達を引き渡すように迫る。これに対し彼女は「日が暮れて城門が閉まるころ、その人たちは出て行きました」と偽り、からくも二人の命は救われることに（ヨシュア記2章）

だから、だからウソは全部ダメということはない。許され得るウソもある。いけないのは人を害するウソ。振り込め詐欺のようなな。この類いはやってはいけない。

いずれにしても「人はすべて偽り者である」ことは認めよう。人間やってる限り偽り、ウソはつきまとう。適当に偽って今日まで生きて来た。神は大目に見てくれるだろう。そして出来ることならウソ偽りなく生きて行きたいもの。神と人々の前に正直に歩んで行きたいもの。神の助けを頂きながら。

9 ユダヤ人もギリシア人も皆、罪の下《もと》にあるのです

ローマの信徒への手紙3章9節

これはユダヤ人にはきつい言葉。ユダヤ人が聞いたら怒り出す。だって彼らは自らを神の選民として正しく生きていると誇っていた。なっていないのはギリシア人、異邦人、彼らは神の律法を知らず守らず、まさに罪の下にある、神の怒り、裁きの対象。こうユダヤ人は見ていた。しかし冷静なパウロからすればユダヤ人もギリシア人も、つまり全人類は罪の下にあると映っていた。その証拠を以下にパウロは旧約聖書のあちこちより引用して見せる。

「正しい者はいない。一人もいない」「善を行う者はいない。ただの一人もいない」「彼らは舌で人を欺き、その唇には蝮《まむし》の毒がある」「足は血を流すのに速く、その道には破壊と悲惨がある。彼らは平和の道を知らない」「彼らの目には神への畏れがない」。

これだけ言われたらどうだろう。なお無事でいられるだろうか。皆、罪の下にある、私もその中にある、と言わなければならないのでは。

①まず言葉の上での罪ということ。私達はつい舌で人を欺くことをする。上手にウソをつく。本当だと思わせる。だます。時にそのようにして相手に損害を与える。高じれば人を殺すこと

も。「その唇には蝮の毒」はそのことを言っている。バカ、死ね、と言われて、これが短刀のように胸にグサッと来て実際に死に至らせることもある。

任。②戦争の罪ということ。当時の指導者達の責任。それに違いない。75年前、日本は戦争に敗れた。甚大な損害をもたらした。誰の責任がなかった？　罪がなかった？　そんなことはない。国民も一生懸命に戦争に協力した。協力させられた。どちらにしても戦争協力は事実。国民も責任追及は免れないのでは？　こうして「破壊と悲惨」の道を突っ走った。勿論戦勝国も罪なしとしない。アメリカはわが国の方々を焦土とし多くの人命を奪った。とに角戦争はやっちゃいけない。戦争ぐらい、罪深い行為はない。

以上二つの罪の場合をあげてみた。もっといろんな例をあげることが出来る。それらはすでにローマの信徒への手紙1章2章に沢山に述べられている。誰も彼も皆、罪の下にある。人間皆、罪人《つみびと》。これは認めない訳には行かないのでは？　パウロはそこに人間を追い込む。追い込んでどうする。それは悪い趣味じゃない？　いや、そこから人間の歩む新しい道を示そうとする。明るい道を指し示そうと。

10 人は……ただキリスト・イエスによる贖《あがな》いの業《わざ》を通して、神の恵みにより無償で義とされるのです。神はこのキリストを立て、その血によって信じる者のために罪を償《つぐな》う供え物となさいました

ローマの信徒への手紙3章23〜25節

「贖い」とは何か。同じ「あがない」でも「購い」は「買う」こと。「贖い」は「お金や物で罪や失敗の埋めあわせをする」こと。今パウロが言うのはこの贖いの方。キリストがそうした業をなしたと。ということはイエスは何か罪や失敗をしでかしたのか。

そうではまるでない。自分のための贖いではなく他人のための贖い。そんな馬鹿な。贖いはもっぱら自分のためにする。自分の犯した罪、失敗の穴埋めとしてなされる。人のためなんて考えられない。

それが実はなされた。それがイエスの十字架というもの。それは人々の「罪を償う供え物」だった。償うも贖うと同じような意味。償うも自己の犯した罪のために金銭などをで埋め合わせをなすこと。場合によっては懲役、場合によっては死刑に。

なぜイエスは「その血によって」、死によって人の罪を償わなければならなかったのか。それは人の罪のあまりに大きいことによる。それが小さければイエスは何も死ぬことはなかった。しかし事実は万死に値する罪だった。

ここで言う罪はこの世の法律にふれる犯罪のレベルを言っているのではない。それらも罪に違いないがそれ以前の心の動きを注目している。人への憎悪、軽蔑、高慢、悪口……これらは神の前では立派に罪としてカウントされる。まだ行いになっていないのに。

それからこんなのもある。「人がなすべき善を知りながら、それを行わないのは、その人にとって罪です」（ヤコブの手紙4章17節）。これも罪と判定されるのなら、もうどこにも逃げられない。絶体絶命。まさに人間皆罪人《つみびと》。この人間はいかにして罪の償いを果たすのか。お金？　懲役？　死刑？　どれも厳しい。償い切れない。

そこで「神はこのキリストを立て、その血によって信じる者のために罪を償う供え物となさいました」。十字架のキリストを見て、それはわが罪の身代りとしての犠牲なんだと「信じる者」を神は「無償で義とされる」。無罪放免、義《ただ》しい者と認めてくれる。そして罪を赦された者として神とキリストと親しい関係をもって生きる者とされる。そして少しずつ罪を清められ、人への善を行って行く者とされて行く。これは誠に「神の恵み」によること。一方的な神のアガペ（愛）によること。

11 わたしたちは、人が義とされるのは律法の行いによるのではなく、信仰によると考える

ローマの信徒への手紙3章28節

これはローマの信徒への手紙の中で中心となる言葉と言われているもの。パウロの一番に言いたいことが的確に言い表わされている。

まず「人が義とされる」とはどういうこと？　これは元々法廷用語で裁判官からあなたは正しいと宣言されることを言う。あなたは無罪ですよと告げられること。被告人にとってはこんなに嬉しいことはない。それは天にものぼるような心地。よく裁判所から「無罪」とか「勝訴」と大書したものを持って走り出て来る人がありこれを支持者が見て喜ぶといった光景が見られる。それは大きな喜びに違いない。

ところで今パウロは人が神の前で義とされることを問題にしている。これについて従来のパウロはそれは「律法の行いによる」と考えていた。神が与えた律法に落ち度なく従い守る、そのことにより神より義と認められる、正しい者として受け入れられると信じて疑わず律法の実行に励んだ。彼は熱心なユダヤ教徒としてその先頭を走っていた。

しかし結果はどうだった？　「律法によっては、罪の自覚しか生じない」ということだった（3章20節）。律法は要するに神と人への愛の実行を求めるものだけれどこれを完全には遂行できない自分を見出して途方に暮れる他なかった。己の罪、限界を知り絶望に沈んだ。

こんなパウロに上から示されたのが「信仰による義」というものだった。イエス・キリストを信じる信仰によって義とされる、という全く思いもよらない道だった。「神はこのキリストを立て、その血によって信じる者のために罪を償う供え物となさいました」（3章25節）。キリストの血、その十字架は私の罪を償う供え物と信じ受け入れる者、その者を神は無罪と認める、その者の罪を赦すというものだった。

それから1500年後、ドイツのマルチン・ルターも同じように苦しんでいた。そんな彼がローマ書を研究しパウロのこの節に至った時、彼に光が射した。彼は愛する同胞にこの句を次のようにドイツ語に訳した。「人が義とされるのは律法の行いによるのではなく、信仰のみによる」。「信仰のみ」と強調。これは意訳だけれどパウロの真意をよくくみとっている。今日の私達もこれに続く。私の深い罪が赦されるためにキリストは犠牲となってくださった。この信仰に立ち、立ち続けて行こう。

12 「アブラハムは神を信じた。それが、彼の義と認められた」とあります

ローマの信徒への手紙4章3節

パウロの到達したところは、律法の行いによるのではなく信仰により義とされる、ということ。パウロはこの真理を愛する同胞ユダヤ人に伝えたかった。しかしこれは非常に難しいこと。だって彼らは律法にこり固まっていたから。律法の実行によって人は神により義と認められる、正しい者として受け入れられると信じて疑わなかったから。

そんなパウロにパッとひらめいたのはアブラハムのことだった。アブラハムはユダヤ民族の大先祖（紀元前4000年頃の人）。彼らは立派なアブラハムを何よりも誇りとしていた。このアブラハムが実は信仰によって義とされたんだ、ともし証明できればこれはエライことになる。パウロの主張が保証され、パウロに続く者が起こされることになる。

パウロが目をつけたのは創世記15章6節の言葉だった。こうある。「アブラム（アブラハムの前の名）は主（神）を信じた。主はそれを彼の義と認められた」。この前には次のように記されている。「主は彼を外に連れ出して言われた。『天を仰いで、星を数えることができるなら、数

えて見るがよい』。そして言われた。『あなたの子孫はこのようになる』」。

神はよくここまで言ったもの。だってアブラハムと妻サラとの間には一人の子供もいない。そして二人は相当の年に。アブラハムは100歳、サラは90歳に。これで子供ができる？　できない、できない、まず不可能。もうとっくに生殖年齢は過ぎている。私達であれば、神よ、冗談はよしてください、と口にするだろう。

ところが、ところが「アブラムは主を信じた」。子孫は天の星のように増え広がるとの約束の言葉を信じた。それは主なる神の持つ全能の力、不可能を可能にする力を信じ受け入れたということになる。このアブラハムの信仰を主は「義と認められた」。よろしい、として深く彼を受け入れ喜んだ。

パウロはここに目をつけこれを最大限利用しようとする。「アブラハムが義とされたのは律法の行いによるのではない。割礼（ユダヤ人たるしるし）を受けていたからではない」、こう主張することができた。そしてパウロは力をふりしぼって言いたかった。「今日神はイエス・キリストを信じるものを義と認めてくれる。その者を無罪放免とし正しい者と認めてくれる。決して律法の行い、良い行いの蓄積にはよらないんだ」と。

13　死者に命を与え、存在していないものを呼び出して存在させる神を、アブラハムは信じ、その御前《みまえ》でわたしたちの父となったのです

ローマの信徒への手紙4章17節

アブラハムは「死者に命を与える神」を信じた、とはどういうことだろう。これは彼自身のことを言っている。彼は「死者」だった。それは生殖能力がないということで死んだも同然ということだった。

アブラハムに神は子孫を約束していた。しかし待てど暮らせど子は与えられない。いつしか彼は１００歳、妻のサラも90歳になってしまった。これでは常識的にみて子を宿すことは不可能なこと。

ところが「彼は希望するすべもなかったときに、なおも望みを抱いて、信じ」た（18節）。「あなたの子孫はこのようになる」（創世記15章5節）、天の星のように沢山になるよ、との神の言葉に望みをかけた。これってやはりすごい。桁外れた信仰。

なぜそんな信じる心を持つことが出来たのか。それは彼が「存在していないものを呼び出し

て存在させる神」を深く覚えていた、ということによるのだろう。つまり神は天地の創造者であるということを。「神は言われた。『光あれ』。こうして、光があった」（創世記1章3節）。以下神は次々と言葉を発し呼び出すことによって太陽、月、星、海、陸、植物、動物、さいごに人間を造って行く。この神の創造力、全能の力というものをアブラハムは深くとらえていたということだろう。この延長線上に自分は立っている、この絶望的な状態にある私に神は突破口を開いてくれると信じた。

果たしてそれはそのようになった。男子、イサクが与えられることになる。まさに死者同然のような者に神は新しい命を与えた。アブラハムの喜びはいかに大きかったことか。

代々の教会が大事に伝えて来たものに『使徒信条』というのがある。これは2世紀に存在が確認される『ローマ信条』に起源するもの。その最初の言葉はこれ。「我は天地の造り主、全能の父なる神を信ず。我はその独り子、我らの主、イエス・キリストを信ず」。

アブラハムはイエス誕生よりずっと昔の人でイエスを信ず、とは言えないが天地の造り主は信じていた。今日に生きる私達にこんな信仰が与えられれば幸い。神を信じて不可能と思われる壁に当たって行く。神の助けを頂いてなおもトライして行く。とに角神を信じて最後まで絶望しない。都度新しい力を与えられて行く。そんな一人一人であれば。

14 苦難をも誇りとします。わたしたちは知っているのです、苦難は忍耐を、忍耐は練達を、練達は希望を生むということを

ローマの信徒への手紙5章3～4節

苦難を誇る、なんて普通は言わない。苦難、苦しみなんてご免だ、あっちへ行ってくれ、これが私達というもの。ところがパウロはこれを誇りとするなどと言う。これは一体どんな神経か、わからない。

彼が誇りとする苦難はどんなものだったか。これはコリントの信徒への手紙二11章に詳しい。一つあげればこんなのがある。「ユダヤ人から四十に一つ足りない鞭を受けたことが五度」。これホントかな。ホントなんでしょう。これはすごい。39回にわたる鞭打ちを五度も味わったと。彼の背中はみみず腫《ば》れが縦横に走っていたことだろう。

これをしかし誇る、自慢する、そこには彼なりの論理があった。こんな考え方の道筋。苦難→忍耐→練達→希望。結局は希望に至る、だから苦難を誇るんだと。そんなにうまく行くものか。

まず忍耐を生むと言うけれどどんなものか。これは言えるかも知れない。苦しみにじっと耐

える、がまんする。これでもか、これでもかと次々と苦難が押し寄せる、これを受けて立つ、そうするとそこに忍耐力がついてくる、忍耐心が養われる、ということはあるだろう。

養鶏業で一家をなした齋藤虎松さんは「辛抱」を強調している。仕事、成績が思うように行かない時にも投げ出さない、また良くなることを期すこと、こうして事業を成功へと導いた。とに角苦難は忍耐、辛抱の思いを強めてくれるから無駄じゃない。

次には忍耐は練達を生むと。これも肯定できそう。人間、苦しみにじっと耐えている程に黒光りして来るのでは。人生の対し方が練られて来るのでは。何事も練習に励む程に習熟の度を増して来る。技術、芸事の分野で第一人者、練達の士となって行く。苦難も練習もラクなものではないけれどこれに耐えることにより人間は強くなる、成長する。

最後、練達は希望を生むと。これもその通りに違いない。練達の域に達すれば希望はふくらむ。一定の地位と収入を得ることが出来る。これを希望として励んだらよい。

ただパウロの場合の希望は収入は眼中にない。地位はあるかも、それはこの世を去った時に天国に迎え入れられ栄冠を受けるということ。この大目標・希望に向かって苦難をも誇りとし前向きに取り組んで行った。これがパウロ流。

15 一人の人によって罪が世に入り、罪によって死が入り込んだように、死はすべての人に及んだのです。すべての人が罪を犯したからです

ローマの信徒への手紙5章12節

パウロは何を言おうとする。ここで「一人の人」とはアダムを指している。アダムは聖書によれば神によって造られた最初の人間とされている。彼はエデンの園に住んでいた。いかにも緑したたる美しい所。

その彼に神は命じて言う。「園のすべての木から取って食べなさい。ただし、善悪の知識の木からは、決して食べてはならない。食べると必ず死んでしまう」（創世記2章16〜17節）。これを見るとアダムは死なない者として造られていることがうかがえる。

ところがここに蛇（サタン）がやって来て妻のエバに対して「それを食べると、目が開け、神のように善悪を知るものとなる」と言って誘惑する。果たして「女は実を取って食べ、一緒にいた男にも渡したので、彼も食べた」（創世記3章6節）。彼らは神の命令に背いて禁断の木の実を口にする。結果彼らは園を追い出されることになる。失楽園。それはまた自らの死を招き

よせることに。

今パウロが「一人の人によって罪が世に入り、罪によって死が入り込んだ」とはこのことを言っている。罪とは神の意志への背反、不従順、自ら神のようになりたいとする思い上がり、ということ。こうして「死はすべての人に及んだのです」と。

こうしたパウロの言葉から後にアウグスチヌス（354〜430年）は「原罪」（ペカトゥム・オリジナーレ）ということを言った。それは「アダムの犯した罪が子孫である人間全体に帰せられる」というもの。これは全ての人に宿る根深い罪を強調したものだろうけど納得できない点がある。アダムの罪がなぜ私の罪になるのか、私とは関係ないのでは。

これについてパウロはここで「すべての人が罪を犯したからです」と言う。アダム以降沢山の時代が流れ多くの人々が生き死んで行ったがその各人が罪を犯して死んで行ったと。単にアダムだけに責任は負わせられないよ。と。

さてパウロはこのあと18節でこう書いた。「一人の正しい行為によって、すべての人が義とされて命を得ることになったのです」。つまり一人キリストのみが神の意志に従順に従い切って十字架につくことによって全ての人の罪が赦されて永遠の命を得ることになったという。こうしてキリストは楽園を取り戻した。今や全ての人にエデンの園は開かれている。

16 キリスト・イエスに結ばれるために洗礼を受けたわたしたちが皆、またその死にあずかるために洗礼を受けた

ローマの信徒への手紙6章3節

キリスト教会では洗礼式というのが行われる。これはどんな式なのだろう。

①まずキリスト教に入る入門儀式に違いない。入学式、入社式のようなもの。

②罪の赦しを与えるもの、ペトロはこう言っている。「イエス・キリストの名によって洗礼を受け、罪を赦していただきなさい」（使徒言行録2章38節）。罪の赦しを頂いて私達は永遠の命に至る。

③イエスとの結婚式。ここでパウロが言っているのがこれ。「イエスに結ばれるために洗礼を受けた」と。花婿イエスと花嫁である私達の結婚。これからはイエスの愛に応えイエスと一緒になって歩んで行く。イエスが私のパートナー、これ以上のよい伴侶はいないのでは。

④イエスと共に死ぬ時。これはどういうこと？　「またその（イエスの）死にあずかるために洗礼を受けた」とは。イエスとの結婚は喜ばしいけれどイエスの死に与るとは何だか悲しそう。

パウロはこのあとでこう書く。「わたしたちの古い自分がキリストと共に十字架につけられ

たのは、罪に支配された体が滅ぼされ、もはや罪の奴隷にならないためであると知っています」（6節）。イエスと共に死ぬとは古い自分、罪に支配された体、罪の奴隷状態に死ぬということ、洗礼にはこういう意味があると。

イエス在世の頃、洗礼は全身をどっぷりと水の中につけるやり方だった。今でも礼拝堂には水槽を設けて全身を浸す形式を守っている教会がある。これは洗礼がイエスと共に死ぬことをよく示している。水の中に身を沈める、息を止めて、これは死を表す。つまりイエスと一体となって古い自分に死ぬこと。そして水から引き上げられることはイエスが「死者の中から復活させられたように、わたしたちも新しい命に生きるためなのです」（4節）。イエスとの共死共生、これが洗礼の式にこめられている。

誰にも誕生日がある。そして2回目の誕生日というものがある。それが洗礼を受けた日というもの。この日を境として私達は新しい命を生き始める。それはイエスと共なる歩み、永遠のみ国を目指しての歩み、極力悪を離れ愛と親切を心がける歩みというもの。こんな歩みが全ての人々に開かれている。

17

あなたがたは、今は罪から解放されて神の奴隷となり、聖なる生活の実を結んでいます。行き着くところは、永遠の命です。罪が支払う報酬は死です。しかし、神の賜物《たまもの》は、わたしたちの主キリスト・イエスによる永遠の命なのです

ローマの信徒への手紙6章22～23節

このローマ書の書かれた紀元50年代のローマ帝国内には奴隷が沢山いた。その多くは戦争に敗れ捕虜になった者。持主の私有物として権利・自由を認められず、労働に使われ牛馬同様に売買された。

今パウロはその奴隷を引き合いに出して「あなたがたは、今は罪から解放されて神の奴隷となり」と言う。「神の奴隷」とはキツイ言葉。大そう刺激が強い。今日の権利・自由を大事にする考え方からすればこれはにわかに受け入れ難いのでは。前の17節では「あながたは、かつては罪の奴隷でした」とも言っていた。

「罪の奴隷」というのは「罪という主人の奴隷」、「神の奴隷」というのは「神という主人の奴隷」。パウロによれば人間はこのどちらかの奴隷なのだと述べている（16節）。罪の奴隷は罪なる主人の意のままに悪事を働く。この「罪が支払う報酬は死」、滅びということ。一方の神の奴隷は神なる主人の意のままに善行に励む。この「神の賜物」は「永遠の命」だと。

随分とスパッと分けて考えるもの。もしそうなら神の奴隷の方がいい。しかし人間、そんなに鮮やかに変われるものか。はなはだ疑問。この点、パウロはいともたやすく「今は罪から解放されて神の奴隷となり、聖なる生活の実を結んでいます」と書く。それは一体どのような事情による？

パウロはこう記していた。「あなたがたは、かつては罪の奴隷でしたが、今は伝えられた教えの規範を受け入れ、それに心から従うようになり、罪から解放され」と（17〜18節）。「規範」とは「キリストがわたしたちの罪のために死んだこと、三日目に復活したこと」（コリントの信徒への手紙一15章）といった信仰箇条。このキリストを信じて洗礼を受け罪の赦しに与る。これからは神の奴隷として神に仕え人に仕えて生きて行く。

長谷川保は自らを「聖隷」＝神の奴隷、キリストの奴隷として聖隷福祉事業団を創設、また聖隷クリストファー大学等を経営する聖隷学園を設立して今日に至っている。私達も神の小さな奴隷として神と人に仕えて行けたら。

18　文字に従う古い生き方ではなく、〝霊〟に従う新しい生き方で仕えるようになっているのです

ローマの信徒への手紙7章6節

ここで言う「文字」とは律法のこと。律法とは旧約聖書に載っている沢山の戒めのこと。その中でも「モーセ五書」と呼ばれる創世記、出エジプト記、レビ記、民数記、申命記に集中的に述べられている。そこには神と人間とのあるべき関係、人間と人間とのあるべき関係を定めた戒め、倫理や祭儀の規定、社会法規等が事細かに記されている。これらは神の意志に基づくものとされ、人々の宗教・社会生活を律していた。

かつてのパウロは律法を守ることに一生懸命だった。同輩の誰よりも熱心にこの全てを行うことに没頭した。そこには強い確信があった。この完遂によって神によって義とされる、正しい者と認められる、神に受け入れられる、と。しかしこの結果はどうであったか。残念な結末が待っていた。彼は本節の前でこう述べている。「わたしたちが肉に従って生きている間は、罪へ誘う欲情が律法によって五体の中に働き、死に至る実を結んでいました」（5節）。

誰も欲情を内に持っている。これが私達を罪へ誘う。これに対して律法はブレーキをかける。

たとえば「汝、盗むなかれ」と。これで欲情がおさまればよい。ところがパウロの場合はこれがうまく機能しなかった。つまりブレーキ役の律法がアクセルのような働きをなしている格好。律法によって、その刺激を受けて罪へ誘う欲情が五体の中に、全身に働いている、と。これは困ったもの。盗むな、と言われると盗みたくなる、という具合。これがパウロを苦しめた。律法は神へ導くというより神より遠ざけた。罪の深さを知って絶望した。

そんな暗雲たちこめる彼に一条の光が射し込む。それが「〝霊〟に従う新しい生き方」というもの。パウロの罪を担って十字架についてくれたキリストを信じることにより彼は罪の赦しを、義とされたと確信。その後キリストは復活して天に昇り、同時に霊、聖霊として信じる者に宿ってくれていると信じた。現臨のキリストが霊、聖霊というもの。

この聖霊に従う新しい生き方は神を愛し（礼拝し）、隣人を愛せよとの戒めに従う生き方。この戒めに生きるのは十字架に示された神の愛とキリストの恵みに促され動機付けられてのこと。そして聖霊はこの戒めを行う力を与える。この動機付けと聖霊の助けに新しさがある。このようにして私達は礼拝と隣人愛に感謝しつつ当たって行く。

19　わたしは自分の望む善は行わず、望まない悪を行っている

ローマの信徒への手紙7章19節

パウロはここで自分の内面を観察してこのように言っている。見事二つに引き裂かれてしまった自分。こうも述べる。「わたしは、自分のしていることが分かりません。自分が望むことは実行せず、かえって憎んでいることをするからです」（15節）。一体どうなっているんだ、わたしは。自分で自分を思うように操縦できない。実にもどかしい。はがゆい。

たとえばモーセの十戒に「むさぼるな」とある。「隣人の家を欲してはならない。隣人の妻、男女の奴隷、牛、ろばなど隣人のものを一切欲してはならない」（出エジプト記20章17節）。こう命じられて、ハイ、そうですか、ではそうします、と素直に従うことが出来れば世話ない。しかし現実はそう簡単ではない。そうしたいのだけれど、むさぼりの思いがわいて来る。時に一線を越してしまう。万事がこんな次第。

「望む善は行わず、望まない悪を行っている」。なぜそうなのか。意志薄弱のせいなのか。それは「わたしの中に住んでいる罪なのです」と言って罪のせいにした（17節）。私の内には「罪の法則」と「心の法則」が戦っているのだと。心の法則は善を望む私。この両者の戦争はどち

らに軍配が上がるのか。残念ながらそれは罪側であって心側はそのとりこ（捕虜）になってしまっている。罪側が大手を振って闊歩している。そのような情景をパウロは内面に見た。

そこから彼はこう叫ばざるを得なかった。「わたしはなんと惨めな人間なのでしょう。死に定められたこの体から、だれがわたしを救ってくれるでしょうか」（24節）。誰も惨めな人間にはなりたくない。食う物もないといった貧乏は味わいたくない。ただここで言う惨めさは「望む善は行わず、望まない悪を行っている」人間について言われている。もし望む善は行い、望まない悪は行わないということであれば個人も世界も平和になるというもの。

この罪の法則のとりこになっている人間の救い、解放はどこにある。「わたしたちの主イエス・キリストを通して神に感謝いたします」とパウロはキリストに結びつけた（25節）。①キリストの十字架によって罪の赦しを受ける。②復活したキリストの霊（聖霊）を内に宿す。聖霊の助けにより少しずつ罪の法則の追い出しにかかり心の法則を強化して行く。ここに人間の希望、世界の希望がある。

20　被造物がすべて今日まで、共にうめき、共に産みの苦しみを味わっていることを、わたしたちは知っています

ローマの信徒への手紙8章22節

飛騨の山奥にスーパーカミオカンデという巨大施設を造って、宇宙はいかにして造られて来たかを探求、遂にニュートリノには質量（重さ）があることを発見したことで梶田さんがノーベル物理学賞をもらった。よくわからないけれど受賞は嬉しいこと。

宇宙は１３８億年前のビッグバンによって誕生したと言われている。科学者がそう言っているのだからそうかな、と思ったりする。今後ともあくなき探求が続けられて行くことだろう。これは結構なこと。

ところで聖書の記述はそんな難しいことは言わない。神が造ったと言う。神が天地宇宙を造った。造られた物は被造物と呼んでいる。どのように造られたのか。これは科学の分野、仕事。科学者は懸命にこの作業に当たっている。

ところでパウロは「被造物がうめく」なんてことを言う。うめくとは苦しくてうんうんと苦しそうな声を出すこと。この自然界がそんなうめき声を発しているものか。わからないなあ。

パウロには特別に感度のよいアンテナがあるというのか。

私達は花鳥風月を愛でる。豊かな自然に囲まれて生きている。この近辺の砂田川には鴨が羽を休め、鳥山川には大きな鯉が悠然と泳いでいる。まだそこここに雑木林があり、キャベツ畑が拡がっている。ここは横浜市なのだけれどこれだけの自然が残っていて大きな感謝を感じている。

だから被造物がうめくなんてよくわからない。今それらしい状況を世界に捜すなら、たとえば地球温暖化というようなことがあげられるかも知れない。温暖化で北極の氷がとけ出しているると聞く。海面上昇により水浸しの陸地があるとも。以前行った北京の空はそれ程ではなかったけれど近頃は青空が見えないと言う。異常気象、大雨、台風の多さ。日本もいろいろと影響を受けている。

そこには二酸化炭素の排出の増大が考えられている。工場等からこれが拡散。拡散と言えばフクシマの放射性物質、これはいまだ大地をおおっている。人間のやって来たことが目下空気と地面を汚染している。自然がうめき声を上げている。

神は天地を美しいものとして造った筈。これを人間のエゴで、経済至上の考えで損なってはいけない。科学者の責任、政治家の責任、そして一人一人の責任はとても大きい。

21　万事が益となる

ローマの信徒への手紙8章28節

ローマの信徒への手紙は使徒パウロの代表的な手紙、紀元50年代に書かれたもの。その中に「万事が益となる」といった言葉が見られる。全ての事が益となりますよ、よいものとなりますよ、プラスになりますよ、と言う。

そしてこの場合、全ての事はどちらかと言えば、私にとってよくないこと、不利益と思われること、辛いこと、悲しいこと、苦しいことが考えられている。それもしかしやがては益になるよ、よいことになるよ、とパウロは言う。

そうかなあ、そんなことってあるのかなあ、そんなうまい具合に行くものか。パウロの場合はどうだった？　パウロは最初反キリストで徹底的にキリストを嫌い、その信徒らを迫害してまわった。回心後は愛する同胞ユダヤ人にキリストこそ救い主と熱心に伝道。しかし同胞は激しく反発、石を投げつけたりして聞く耳を持たない。そこで彼はやむなく異邦人伝道に方向転換。結果福音はギリシア世界にもたらされる。これは万事が益となる一つの例では？

もう一つ例を上げればパウロは何か病気を持っていたらしい。それははっきりとはわからないがズッと苦しめられた。これを彼はこんな風に受けとめている。「思い上がることのないようにと、わたしの身に一つのとげが与えられました。キリストの力がわたしの内に宿るように、むしろ大いに喜んで自分の弱さを誇りましょう」（中略）（コリントの信徒への手紙二12章7～9節）。一つのとげ、病気、苦しみ、これは私を思い上がることのないように、キリストの力により頼んで歩んで行くように与えられたものだと受けとめている。これも万事が益ということでは？

１９４５年日本は戦いに敗れ沢山の犠牲者を内外に出すに至った。この位悲惨なことはない。しかし敗戦になってよかったのでは？　結果民主主義の国になった、軍国主義をやめて平和国家を目指すようになった、基本的人権や様々な自由が認められるようになった、これも万事が益となったこととして覚えてはいけない？

個人的なレベルにおいても国家的レベルにおいても何事も前向きにとらえることが肝心。神は様々な出来事を通してなお益を、善となることを考えている。こう信じて自らも精一杯の努力をして行く、そこに明るい展望が開けて来るのでは？　当面いやだな、辛いなと思われる事態にも何らかの意味が隠されている。

22 だれが、キリストの愛からわたしたちを引き離すことができましょう。艱難《かんなん》か。苦しみか。迫害か。飢えか。裸か。危険か。剣か

ローマの信徒への手紙8章35節

誠に力強い言葉。よくここまで言い切れるもの。私達だったらどうだろう。こんなにうまく行くものか。ここにあげられている七つのうち、どの一つが迫って来てもすぐに手を上げてしまうのではないか。

その先頭にはペトロが立っている。彼はイエスの一番弟子として最も強くイエスの愛を感じていた筈。ところがイエスの裁きの庭で側にいた女から、あなたもイエスと一緒だった、と言われあわててそれを打ち消した。彼は痛い目にあいたくなかった。更に剣を、死を直感した。以降沢山の人々がキリストの愛から離れて行った。彼の弟子ということで不利益はこうむりたくなかったから。迫害されることは耐え難いことだったから。これを他の者が弱虫だといって非難することは出来ないのでは？　自分もその場に立つことになったら何をしでかすかわからない。

しかしこの点パウロは違っていた。彼はこの七つを全部クリアした。このあたりのことはコリントの信徒の手紙二11章等に詳しい。そこから一つだけ上げれば「ユダヤ人から四十に一つ足りない鞭を受けたことが五度」（24節）と述べている。それでもくたばらなかった。イエスなんか知らない、とは言わなかった。

とに角パウロには何をもって来ても無駄だった。それ程までにキリストの愛は強力だった。これはパウロの特異の体験に基づくところが大きかったのでは？　彼は元々はアンチ・クリストの急先鋒。羊のように優しいクリスチャン達には大変に恐れられた。彼につかまって牢に入れられないように逃げ回っていた。

そんなパウロが復活したイエスから直々に声をかけられ180度の転回。今度は熱烈にキリストを伝える者になる。こんな内的変化が起こったのだろう。①イエスが復活したというのはデマでなく本当だった。こうして私に現に語りかけて来た。②イエスは私を呪い殺さず、罪を赦してイエスの使徒として立ててくれた。③イエスの十字架は犯罪人の死ではなく罪人《つみびと》の頭である私と全人類のための犠牲の死だったんだ。

こうしたことでパウロはキリストの愛を身に染みて感じそれから離れることは出来なくなっていた。私達も深くキリストの愛を覚えることが出来れば幸い。私の罪を自覚する程にキリストの十字架の愛は迫って来るのでは。

23 わたし自身、兄弟たち、つまり肉による同胞のためならば、キリストから離され、神から見捨てられた者となってもよいとさえ思っています

ローマの信徒への手紙9章3節

よくもこれだけの言葉を言えたもの。疑いたくなる。ホントにホント？　正真のパウロの言葉？　パウロは何と言っていた。「だれが、キリストの愛からわたしたちを引き離すことができましょう。艱難か。苦しみか。迫害か。……」（ローマの信徒への手紙8章35節）と述べていたのではなかった？　それがここでは手のひらを反《かえ》すようにして、キリストから離されてもよいとさえ思っています、と。

これはどう理解したらいい。心境の変化というものか。キリストの愛が信じられなくなったのか。そういうことではないだろう。それではどういうこと。

鍵になる言葉は「同胞のためならば」にありそう。同胞、つまりユダヤ人、イスラエル人のためならば、ということ。その「何のため」？　それは一言で言えば「救いのため」ということになりそう。

パウロの見るところ、同胞はキリストの救いを拒み続けている。キリストの十字架と復活によってもたらされた罪の赦しと永遠の命を受け入れようとしない。反ってキリストを偽のメシアとし、その追随者を迫害している。それはかつてのパウロの姿そのまま。これでは将来滅びが待っているばかり。これを何としてもくい止めなければ。

もし同胞が救われるのであれば私はどうなってもいい。たとえキリストから離されても……とつながって行くということなのだろう。それほどまでに同胞を深く思っている。自分のキリスト、救い、命と引き換えになってもいいと。誠に強い同胞愛。一寸ついて行けない。

私達は普段そんな愛を持っているものだろうか。国際試合で日本が勝てば嬉しい。同胞が拉致にあったり、テロの犠牲になったりすれば悲しい。この程度の同胞愛は持っている。しかしその救いを願う、というところまではなかなか行かない。

内村鑑三は二つのJということを言った。Jesus と Japan、イエスと日本。これを愛す、と。彼はイエスを救い主と信じ日本を愛し、同胞の救いのために祈り労した。私達も及ばずながら二つのJを心に秘めて歩んで行ければ幸い。もっと日本とその行く末を深く覚え、同胞を愛し、その救いのために、あるいはその幸せと福祉のために祈り努めるものとさせて頂ければ。

24 人は心で信じて義とされ、口で公《おおやけ》に言い表して救われるのです

ローマの信徒への手紙10章10節

心で信じたならこれを口で言い表す。これが大事だよ、とパウロは記す。心で信じていればそれでいいんじゃない？　何もわざわざ言うこともないんじゃない？　だって信仰はプライベートなことだから、秘め事だから。こんな風に考える人は多いかも。しかしそれでは不充分だと、それでは救いに至らないとパウロは言ってくる。これは挑戦的。

まず順序としては心で信じること。これはその通り。何を信じる。パウロはこのすぐ前でこう書いている。「口でイエスは主であると公に言い表し、心で神がイエスを死者の中から復活させられたと信じるなら、あなたは救われる」。ここに信仰の中身がうかがえる。イエスは主であると信じる、イエスの復活を信じるということ。

イエスは主（ギリシア語ではキュリオス）であり、その復活を信じるとは、「イエスは人間となった神の子で、私達人間の罪を担って十字架につき罪の赦しをもたらしてくれた。そして3日目に死より復活して今天にあり、合わせて地にある私達と聖霊として共にいてくれる。私達もいずれ復活に与り、永遠の命を受け継ぐ者とされる」、これをアーメン＝誠に、信じるという

こと。

そしてもしそのように心より信じられたならこれを口で公に言い表すことが求められる。なぜ？　そう言ってもらえないとバプテスマ＝洗礼が授けられないから。洗礼はイエスが弟子達に、洗礼を授けよ、と命じたことに基づくサクラメント（聖礼典）。人は洗礼を受けて①罪を赦される、②聖霊を受ける、③花婿キリストの花嫁となる、④イエスの弟子となる。⑤永遠の命を受け継ぐ、⑥天国の市民となる、⑦キリストの体である教会の一つの枝となる……。

洗礼には大きな祝福が伴うこと。そのためには信仰の言い表し、告白がどうしても求められるという次第。そしてこの告白はあくまでも自発的なものであり喜ばしいもの。要するにイエスの私に対する十字架の愛、犠牲的な愛に感じて「私はイエスを愛します」と告白することに他ならない。

私達の間でも愛の告白は大切。あの人は好ましい人だな、信頼できる人だな、結婚して生涯を共にしたい、と心におぼえることが出来たなら、これをいつまでも心に秘めたままでなく勇気をもって言い表すことが必要。こうしてカップルが生まれることになる。この国にあって多くのカップル誕生を祈っている。

25　宣べ伝える人がなければ、どうして聞くことができよう

ローマの信徒への手紙10章14節

パウロはここで段階式に述べて行く。①「信じたことのない方を、どうして呼び求められよう」②「聞いたことのない方を、どうして信じられよう」③「宣べ伝える人がなければ、どうして聞くことができよう」④「遣わされないで、どうして宣べ伝えることができよう」。

これは事の順序からすると④→③→②→①と行くのだろう。まず④、遣わされること。これは主イエスから派遣されるということ。はじめにイエスは12人を選んでこれを伝道に遣わした。パウロはイエスの直弟子ではないけれど復活したイエスより声をかけられ異邦人の使徒として遣わされた。

その後教会から16世紀にはザビエルが、19世紀にはヘボン等が日本に遣わされた。彼らは教会の背後にイエスの派遣を見、信じていた。この状況は昔も今も変わらない。牧師・伝道者はイエスの派遣のもとにどこにでも行く。

こうして③、宣べ伝える人が立てられることになる。彼はイエスの口となり足となって福音を人々に宣べ伝えて行く。ここでパウロは「良い知らせを伝える者の足は、なんと美しいこと

か」とイザヤ書の言葉（52章7節）を引用している。その者の足がすらりと伸びて格好よいというのではなく、良い知らせを伝えるということで美しいと言われる。伝道者は自ら保持する知らせが誠に良いものであることを深く確信していなければならないだろう。そして美しい足となれれば。

このようにして②、聞いたことのない方＝イエス・キリストのことを人々は聞くようになる。イエスが誰であるかを聞くことがなくてイエスを信じるという訳には行かない。ここでパウロはこう述べる。「実に、信仰は聞くことにより、しかも、キリストの言葉を聞くことによって始まるのです」（17節）。

2千年の昔、人々は直《じか》にイエスの言葉に接し信仰が起こされた。今は聖書（福音書）を通し、また先輩の伝道者・信徒を通してイエスの声にふれる。先輩の心の内には今も生けるイエスが宿って働いている。

こうして最後に①、イエスを信じて呼び求めることが可能となる。これはイエスは主であると言い表して救われ、イエスを礼拝賛美する者となること。これが究極。イエスより遣わされ、宣べ伝える者となる、それは人がイエスに出会って喜びと感謝をもってこの人生を受け取れるようになること、これに尽きる。

26　現に今も、恵みによって選ばれた者が残っています

ローマの信徒への手紙11章5節

昔、紀元前800年頃、イスラエルにエリヤという預言者がいた。その時代の王はアハブ、妃はイゼベル。彼らはバアルなる偶像神を国に導入。これにノーをとなえたのがエリヤ。王はエリヤ側の預言者達を殺害、残るはエリヤ一人に。

エリヤは荒野に逃げた。それは自らの死を願う程の苦しい逃避行。ようやく神の山ホレブに着く。そこにある洞穴にいた時に主（神）の言葉があり、洞穴の前に立てと。立つと非常に激しい風が起こり山を裂き岩を砕いた。風の後には地震、地震の後には火が起こった。「火の後に、静かにささやく声が聞こえた」。それは主の声。主はこういうことを告げた。「わたしはイスラエルに七千人を残す。これは皆、バアルにひざまずかず、これに口づけしなかった者である」（列王記上19章18節）。

主を信じる者は私一人だけになってしまった、なんと心細いことよ、と思っていたエリヤに、7千人を残すとの言葉は非常な勇気と希望を与えるもの。

この大変古い物語をパウロは引用して「同じように、現に今も、恵みによって選ばれた者が

残っています。もしそれが恵みによるとすれば、行いにはよりません」とローマの信徒に書き送った。

選ばれた者、残されている者、それは誰のことを言っている？　まずパウロ自身のことでは？　彼は当初アンチ・クリストの急先鋒、それが復活したイエスに出会って熱烈な伝道者に変身。今度は彼が迫害される立場に。こんな彼にエリヤの話は大きな励みになったことだろう。自分も主によって選ばれ残されたものだ。そして自分だけではない、7千人もの人々が残されているんだ。

今日キリスト者はそんな風に考えている。私は主によって主を礼拝する者として選ばれ残された者だと。自分の立派な行いによるのではなく主の一方的な選びによるんだと。主は心の貧しい者、力なきを覚えている者らを特別に愛し選ぶ。この世の選定基準とは大分違う。この世では実力のある者、能力のすぐれた者が何かと選ばれて行く。学校も会社もスポーツ界も。

しかし主の選びはそうではない。むしろ逆。その者の実力・能力によらない。その人の行いにはよらない、ただ主の恵みによる。主の選びはあなたにも向けられていることを知ってもらえたら幸い。

27 一部のイスラエル人がかたくなになったのは、異邦人全体が救いに達するまでであり、こうして全イスラエルが救われるということです

ローマの信徒への手紙11章25〜26節

パウロはここで大変なことを言っているよう。これは万人救済説では? イスラエル人もその他の異邦人も全部救われるというのだから。

「一部のイスラエル人がかたくなになった」。これは確かにそう。全部ではないけれど相当数イスラエル人はかたくなになった。つまりイエスに対して心を頑固にした。十字架につけられたイエスがメシア、救世主であるなどと、とても信じられなかった。イエスの生前からイエスに激しく敵対した。

パウロも当初はそうだったけれど今はすっかり変わり十字架につけられたイエスこそメシア(キリスト)と信じ、これを人々に伝える者となった。彼は異邦人向けの使徒として立てられたけれど愛する同胞イスラエル人の救いはいつも気になっていた。そんな彼にいずれは「全イスラエルが救われる」という神の「秘められた計画」がここに示される。こんな信じ難い、嬉し

いことはないのでは。

それはいつのこと？「異邦人全体が救いに達するまで」のこと。ここに全異邦人の救いが視野に入って来る。異邦人、つまりイスラエル人を除く、あらゆる国民、種族のこと、わが日本民族もここに入る。

この多くの人々は残念なことだけどイエスに心を閉ざしている。イエスに対していまだ鎖国の状態。この流入を拒んでいる。わが国についてはいずれ開国に踏み切り西欧の文物を貪欲に取り入れるけれどイエスは例外。このようにして日本人クリスチャンは１００万人にとどまる格好。

しかしパウロによれば、その示されたところによれば、いつの日か異邦人全体が救いに達する、との事。この国について言えばオール・ジャパン、全日本が救いに至ることに。こんなことって信じられる？ 冗談も休み休み言え。全くその通り。

これはあくまでも神の「秘められた計画」。神はとに角イスラエル人と異邦人の全部を救いたいんだ。そのために神はそのひとり子のイエスを世に遣わし、これを全人類の罪の犠牲として十字架につけた。人類を赦し神との交わりを回復し永遠の命を与えようとして。この神の壮大な計画、神の大きな愛を心におぼえて、なおコツコツとみ言葉の種まきに当たって行く。大きな希望の内に伝道に当たらせて頂く、感謝しながら。これが私達の歩みということに。

28

あなたがたはこの世に倣《なら》ってはなりません。むしろ、心を新たにして自分を変えていただき、何が神の御心であるか、何が善いことで、神に喜ばれ、また完全なことであるかをわきまえるようになりなさい

ローマの信徒への手紙12章2節

なかなか厳しい言葉。パウロはこの世に倣うな、と言う。そこにはこの世の中はあんまりよくないよ、という前提があるのだろう。そんなに世の中、悪いかな。それは悪いところもあるけれどよいところもあるのでは。2千年の昔はどうだったのだろう。

①偶像礼拝がはびこっていた。偶像とは木や石や金銀銅鉄等をもって神をかたどり信仰の対象とした像のこと。太陽とか動物が神とされた。ローマ皇帝も人間だけれど神として礼拝された。

②倫理道徳が相当乱れていた。a.性的方面において。b.殺人・窃盗方面において。c.高慢・無慈悲方面において。cは法的には罪ではないけれど神の目からするとよくないこととされた。

パウロはこうした世に倣うなよ、と言った。多くの人々がその方向に流れている、それに染まり流れちゃいけないよ、と勧める。これってしかしなかなか大変。みんながやっている、そこで私も歩調を合わせる。これは容易、簡単。しかし倣うな、と言うと風当たりが強くなって来る。

たとえば皇帝礼拝。みんなが皇帝の像に向かって拝礼し香をたく。そうした中、そんなものは人間であって真実の神といったものではない、といって礼拝を拒否したらどうなる。刑罰を免れない。現に多くのキリスト信徒が処刑された。

2千年の時が流れ、そしてこの国において①と②はどうなんだろう。もうそれらとは関係のない世の中になっているのだろうか。そうとは言えなさそう。①については75年前まで天皇崇拝が行われていた。天皇は現人神《あらひとがみ》として崇められた。そうしない者は不敬罪として罰せられた。敗戦を境として天皇は人間宣言をするに至り天皇崇拝は求められなくなった。

②についてては結構乱れているかも知れない。レイプ事件があとをたたない。凶悪な殺人事件も。オレオレ詐欺も。いじめも。児童虐待も（2015年度8万8千件）。こうした傾向に私達は倣うなんてあり得ない。ただ高慢・無慈悲方面は厄介。この方向に流されないで謙遜に、人への親切を心がけて生きなさいよ、ということになるのだから。神に「心を新たにして」もらいたいもの。

29　尊敬をもって互いに相手を優れた者と思いなさい

ローマの信徒への手紙12章10節

この言葉、なかなか耳が痛い。尊敬よりは相手を馬鹿にする、低くみる、軽んじることが多いから。

世の中には実際に優れた者がおり、尊敬に値する人々が見られる。山中伸弥教授といったノーベル賞級の人達、あるいは北島康介等のオリンピックで金メダルをとったという者は頭脳や能力が抜群ということになる。その他古今東西、優秀で尊敬できる人々はきら星の如く輝いている。

しかし大体の人はそうではない。どんぐりの背比べ、そんなに違わない。だから上記の言葉はそのまま実行するのは難しい。パウロさん、そんな無理言わないで。

でも折角だからこの線で可能性をさぐってみたらどうなる。どうしたら相手を尊敬をもって優れた者と思える?

①どんな人も神の作品と見なすことが出来たらどうだろう。「神は御自分にかたどって人を創造された」（創世記1章27節）。だから人間には神のように考えたり、創ったり、語りかけたり

することが出来る。これって素晴らしくない？　誰にもこの能力が与えられている者として互いに優れた者と見られれば。

②「その兄弟のためにもキリストが死んでくださったのです」（コリントの信徒への手紙一8章11節）ということがわかって来たら相手を見る目が変わってくるかも。キリストの死はその人、その人の罪が赦されるための犠牲ということ。神の子キリストの血ぐらい、高価なものはないとすれば、どの人もどの人も高価な者に見えてくる。敬って見られるのでは。

③どんな人にもキリストが宿っている、と思うことが出来たらどうだろう。これはかなり見方が変化してくる。「わたしの兄弟であるこの最も小さい者の一人にしたのは、わたしにしてくれたことなのである」（マタイによる福音書25章40節）。わたしイエスはどの人にも、特に小さい者、困っている者の心の内に居るので、これを助ける人はわたしを助けたと同然だよ、とイエスは明らかにした。誰の内にもイエス・キリストが宿っていると想像出来れば、貴い人に会うような、尊敬の念をもって接近出来るかも。これを馬鹿にすることは難しくなるのでは。

④どんな人も「それぞれ異なった賜物《たまもの》を持っています」（ローマの信徒への手紙12章6節）。ノーベル賞級のものでなくても神は誰にも良いものを一つはくださっている。

30　喜ぶ人と共に喜び、泣く人と共に泣きなさい

ローマの信徒への手紙12章15節

喜ぶ人と共に喜ぶ。よい学校に入れた、よい会社に入れた、出世した、よい伴侶を得た、子が生まれた、病気がなおった……いろんなことで人は喜ぶ。そしたらそれを自分のことのように喜ぶ。おめでとう、よかったね、嬉しいよ、こう言って喜び合う。これはとてもよいこと。喜ぶ人の喜びは倍加する。

今度は逆に泣く人と共に泣く。受験に失敗した、希望する会社に採用されなかった、なかなかよいポストが得られない、彼女に・彼に振られた、負傷した、病気になった、愛する者が死んでしまった……こうしたことは悲しい出来事。大変に残念だ、私も悲しいよ、こう言って共に涙する。そうすれば泣く人の悲しみは半減する。

共に喜び共に泣く。これは親しい家族や友人の間では普通に湧いて来る感情、心の動きかも。あるいは更に広く、特に利害関係のない人に起こった喜び、悲しみもわが事のように喜んだり、同情を寄せたりすることがあるのでは？　オリンピックで金メダル、これは多くの人が喜ぶ。地震で被災した人々を見るととても気の毒に思われて来る。

問題は自分が好きでないと思っている人の場合。あるいは利害関係にある、敵対関係にあるといった人が今、喜んでいる、今、泣いている状態を見たら私達はどう反応するか、ということ。

この場合にはすっと喜べないいんじゃない？　泣けないいんじゃない？　反ってザマを見ろ、いい気味だ、と思ったり言ったりするのでは？　自分が反感を覚える人の失敗や不幸を鬼の首をとったように喜ぶ。こういう傾向が確かに見られる。これがナマミの人間というもの。それでどこか悪い？

ただパウロのこの言葉には特に限定はない。こちら側の人間、あちら側の人間という区別はなさそう。どっち側の人間であっても共に喜べ、共に泣け、と。

どうしたらそんな人間離れしたことが可能になる。誰の喜びでも悲しみでも自分のことのように喜べる、悲しめる、そんな分け隔てない、広い心の持主になれれば、それはそれで素晴らしいけれど、それはそれこそ神でないと無理ではないか。

まさにそれは父なる神、またイエス・キリスト。神とキリストは私を含めた全ての人間の喜びと悲しみを共にしてくれる。このことを深く知る程に私達の心は広くされる。共に、の思いが強められる。広い愛の心が持てれば幸い。

31　人は皆、上に立つ権威に従うべきです

ローマの信徒への手紙13章1節

ここでパウロの言う「上に立つ権威」とはこの世の「支配者」（3節）のこと。当時であればローマ皇帝を頂点とする支配体制、統治・権力機構ということに。これに従いなさい、と勧める。

それは具体的には「貢《みつぎ》を納めるべき人には貢を納め、税を納めるべき人には税を納め」なさい（7節）ということになる。

パウロのこのような支配者に従順な姿勢はどこから生まれたものだろう。

①「今ある権威はすべて神によって立てられたものだからです」（1節）。イスラエルの王は初代のサウル王をはじめ神によって立てられたものと信じられていた。今パウロはそれを外国の支配者にも拡大。

②支配者は「神に仕える者」（4節）としてよい働きをしていると評価。善を行う者はこれをほめ、悪を行う者には罰を与える。「権威者はいたずらに剣を帯びているのではな」い（4節）。このようにして世の秩序が保たれている。

③パウロが自由に安全に帝国内を通行し福音の伝道に当たることが出来たのはパックス・ロマーナ（ローマの平和）のお陰、またローマ市民権を保持していたので、ユダヤ人達から襲われた時、皇帝に上訴してローマにまで護送してもらえた。この体制は有難いとの思い。以上、支配者への従順を説く背景を見たが、今わざわざこれをローマの信徒に向けて書いたのには次の心配があったのでは？ Ⓐイスラエルにおける熱心党のように反体制的、暴力的集団とならないように。Ⓑ世の終わりが近い、と主張して世の秩序を軽視するようなことのないように。

パウロとしては船出したばかりのキリストの教会が世の荒波をかぶることを最小限にしたかったろう。教会は決して反体制ではない、むしろ体制を支持すると言いたかった。これは今日も受け継がれて来ているところ。

ただ時の支配者、権力者がデタラメをやると従順とは行かなくなる。ドミティアヌス皇帝（紀元81〜96年在位）になった時、自ら「主にして神」として皇帝礼拝を強要して来た。さあクリスチャンは困った。主にして神はイエス・キリストだったから。この命令には従えないということで迫害、弾圧が加えられることに。

この他にも上に立つ者がデタラメを行う時にはもはや「神に仕える者」とは見なさずこれに従わない。クリスチャンは普段は羊のようにおとなしいけれど、それも時と場合による。

32　互いに愛し合うことのほかは、だれに対しても借りがあってはなりません

ローマの信徒への手紙13章8節

パウロは「だれに対しても借りがあってなりません」と言う。Aから1万円借りた、10万円借りた。個人からお金を借りることはあまりよくないけれど、場合によってはそうしたこともあるかも。そうした時にはキチンと返済しなければ。もし返さないことになると二人の友情はこわれることに。

金融機関から借入する時には償還計画に基づいて滞ることなく返済して行かなければこれもエライことになる。担保物件を失うことになる。信用されなくなる。

あるいは交通事故を起こして先方に多大な損害を与えてしまった場合には賠償責任が発生。これも大きな借り。出来るだけ早く返済し誠意を示さなければ。

とに角お金関係ではいつも身辺をきれいにしておきたいもの。これまで誰かから借りてそのままになっているものはないかなぁ。

「だれに対しても借りがあってはなりません」、これはわかるけれど、わからないのはその前

半、「互いに愛し合うことのほかは」、これはどういうこと？　愛し合うことは借りにしておいていいよ、ということ？　どうもそういうことらしい。そういうことになる。

金銭の貸し借りはお金でカタがつく、処理できる。しかし愛し合うという場合にはそうは行かない。愛というものはお金に換算できませんよ、ということなのだろう。

私達は親の愛を一身に受けて大きくなった。右も左もわからない者を愛をもって育ててくれた。共に喜び共に泣いてくれた。誠に親の愛は限りなく大きく深い。

この親に対して私達は返済できるのだろうか。その積もり積もった愛にどれだけのものをもってお返しできるのか。１００万円位を差し出せばよいか。それはそれで親は喜んでくれるかも知れないけれどそれで充分ということはないのだろう。私達は親の愛の借りはずっと持つことになる。それでよいのだろう。ただ親の愛は決して忘れず感謝に覚えること。

親に限らず私達はいろんな人の愛、親切、助け、善意を頂いて今がある。お金をもって謝意を表す機会があればそうもするけれど、それで充分借りが返せたということにはならず、矢張りいつまでも感謝のうちに忘れないということだろう。

人を愛する、人から愛されるとはそういうこと。お金ではカタがつかない。真の愛は本来報いを当てにしないものだから。そんな愛をもって私達も人に接することが出来たらなぁ。

33　主イエス・キリストを身にまといなさい

ローマの信徒への手紙13章14節

アウグスチヌス（紀元354～430年）は最大の教会教父と言われた人。その神学思想はその後、多くの人々に多大の影響を与えた。しかし彼は初めっから立派だったのではない。若い頃はかなり無軌道に突っ走った。18歳で一婦人と同棲し一子を得ている。母モニカには「涙の子」だった。

そんな彼が回心に導かれる時が来る。それは彼が家の中にいた時に外から聞こえて来た子供達の遊ぶ声だった。それはラテン語で、トレ・レゲ　トレ・レゲ（取りて読め）と聞こえて来た。ハッと思って聖書を取り上げて開いたところがローマの信徒への手紙13章13節、14節の言葉。

その全文は次のよう。「日中を歩むように、品位をもって歩もうではありませんか。酒宴と酩酊、淫乱と好色、争いとねたみを捨て、主イエス・キリストを身にまといなさい。欲望を満足させようとして、肉に心を用いてはなりません」。

このパウロの言葉は他にも多くの人々を回心に導いて来たかも。今読んでも何か感じるものが。

a. 品位をもって歩む……私は品位に欠けるのでこの言葉は挑発的。身だしなみ、言葉使い、態度ふるまいがもう少し品がよくなるように。相手、周囲の人を思って優しく丁寧に出来るように。あまりガツガツしないように。

b. 酒宴と酩酊……イエスもぶどう酒は飲んだ。だから絶対禁酒という訳ではないだろう。しかしイエスも深酒で「心が鈍くならないように」とは言っている（ルカによる福音書21章34節）。飲むのであれば決して飲み過ぎないように、ということ。

c. 淫乱と好色……性的欲望が直ちに悪いというのではないけれど、これも度を越すと大変なことになる。人妻に手を出す、人の夫に手を出す、こうしたことは厳に慎まなければ。

d. 争いとねたみ……過度の利益追求は人と人との間、国と国との間の争いの元。ねたみは他人の幸運、成功をうらやむ暗い感情。「喜ぶ人と共に喜」ぶ（ローマの信徒への手紙12章15節）ことが出来る大きな心が持てたらなあ。

e. キリストを身にまとう……キリストを肌身離さずしっかりと着る。それはいつもキリストの思いをもって生きること。一体となって歩むこと。これまたそう生きることが出来たらなあ。そこに祈り。祈りつつ1歩1歩。

34 わたしたちは、生きるとすれば主のために生き、死ぬとすれば主のために死ぬのです

ローマの信徒への手紙14章8節

パウロはよくもこのように言い切ったもの、主（イエス・キリスト）のために生き、死ぬんだ、と。ここに彼の生きる目的、意味といったものが示されている。

私達はなかなかそこまでは言えない。私は私のため、私の思いの実現のため、私の肉体の維持のために生きている。私は私の愛する者のために、家族のために生きている。私は世のため、人のため、なんらかの貢献のために生きている……。どれも素晴らしいこと、私もそう願っている。

そうした中、パウロはもう一つの生き方を示して来る。それはイエスのための生ということ。それってどういうこと。それはイエスの死と復活を宣べ伝えるということ。このためなら私の命は惜しくはない、といったこと。そのくらい彼はイエスに深い深い恩を感じていた。恩というには弱いかも知れない。とに角イエスはパウロのために命を捨ててくれた人だったから。

命を捨てる、それは穏やかな話ではない。それは自殺の話か。今日、毎日50人も60人も自死

をされている。誠に痛ましいこと。折角のたった一つしかない自分の命を自分で無きものにしてしまうのだから。

イエスの場合の命の捨て方、それは人の罪を代って担い刑に服するというもの。そのようにして人に罪の赦しがもたらされることに。赦罪によって人は神との交わりが与えられ、永遠の命を確信して歩む者とされた。

パウロはこのことをはっきりと知らされて、これからは私のために身を捨ててくださったイエスのために生きるんだ、その死は全人類のためでもあるんだ、このことを知らせたい、そのために迫害を受け死ぬことがあってもよい、とまで思うようになった。

要はイエスの死をそのように受けとめられるかどうかということ。そんなこととても信じられない、という人と、私は信じる、という人と二つに分かれる。植村正久（1858〜1925年）などは後者の人。こんなことを言っている。

「主なるイエスよ、わたくしはあなたのために生き、あなたのために苦闘し、あなたのために死にます、生きるにしろ、死ぬにしろ、わたくしはあなたのものです」。こうして植村は東京神学社（東京神学大学の前身）を建て、富士見町教会（JR飯田橋駅近く）を建てた。（娘の環牧師は戦後、昭和天皇に聖書の進講をした）。私達もイエスの死を覚えられたら。

35 キリストはその兄弟のために死んでくださったのです

ローマの信徒への手紙14章15節

これは大変に素晴らしい言葉には違いないけれど、どんな流れで言われたものだろう。「あなたの食べ物について兄弟が心を痛めるならば、あなたはもはや愛に従って歩んでいません。食べ物のことで兄弟を滅ぼしてはなりません」、そしてこの言葉に。

ここには一寸こみいった話がある。当時ローマの教会には信仰の強い人と弱い人がいたよう。信仰の強い人は何を食べてもよいと信じている、肉もぶどう酒もおいしく頂いている。信仰の弱い人は野菜だけを食べている。それならそれでいいようなものだけれど、困ったことに互いに軽蔑し合ったり、裁き合ったりしていた。

相手から自分のやり方について軽蔑される、裁かれる、断罪される、これはおもしろくない、深く傷つく。中には立ち直れないくらいのダメージを受ける人も。そして現にそういった人がいたのだろう。それを聞くにつけパウロは大変に心配した。そこでこのような言葉になっている。

食べ物のことで兄弟を滅ぼす、とは少々オーバーな感じがするけれど、実際そういうこともありなのだろう。肉を食べろ、と強要される、野菜だけにしろ、と言われる。これはその人の健康を害し、死活問題に発展しかねない。

そしてパウロはここにキリストを登場させる。その十字架の死を思い起させる。キリストの死は万人のための死である筈。キリストは全ての人が罪を赦され、永遠の命に至るために犠牲となり血を流し、死んだ。誰もキリストの死の対象。ただの一人も例外はない。誰のためにも神の子の宝血が流されている。そのことにより誰も彼も、彼女も尊い存在へと引き上げられた。だから誰も自分なんかこの世にいなくてもいい、などと考えてはいけない。それはキリストの折角の死を無駄にすることになる。

自分に気に入らない人がいる、あん畜生、と思われる人がいる、あんな奴、いなければどんなにか清清するか……。しかしここでストップ。パウロのこの言葉を思い出したらどうだろう。「キリストはその兄弟のために死んでくださったのです」。

その憎い兄弟・姉妹・親・子・夫・妻・学校友達・会社の同僚……この人達のためにも自分同様、キリストが犠牲となってくれているんだ、と思えたら、これはスゴイ。人を見る目が変わってくる。赦しの思いが起こってくる。

36　わたしたち強い者は、強くない者の弱さを担うべきであり、自分の満足を求めるべきではありません

ローマの信徒への手紙15章1節

「強い者」とはどういう人を言うのだろう。腕力がある、体力がある、運動能力が高い。あるいは語学に強い、パソコンに強い。あるいは権力を持っている、経済力を持っている。あるいは意志強固とか、いろんな場合が考えられる。どれもこれも望ましいもの、私達もそんな強さが持てたら、とも思われる。

ところで今パウロが考えているのはどんな強さなんだろう。それはどうもこれまでの流れからすると、「信仰の強い者」のことのよう。それは「人が義とされるのは律法の行いによるのではなく、信仰による」（ローマの信徒への手紙3章28節）と受けとめている人のこと。その先頭にパウロが立っていた。

この立場に立つ者はかなり信仰が強いと言わねば。長い長いユダヤ教の伝統は「人が義とされるのは律法の行いによる」と信じて疑わなかったのだから。それをパウロは真っ向から否定したのだから。そして「信仰による」としたのだから。

それってどういうこと、何やら難しそう。それが難しくない。至って単純明快。要するにキリスト信仰に立てばよい、ということ。パウロは当初、熱心なユダヤ教徒として律法の実行に励んだ。律法とは旧約聖書に載っている掟の数々。この全部を満たすことによって神より「義とされる」、神によって義と認められ、罪を赦され、神との祝福された交わりに入れられる、と信じて疑わなかった。

しかし結果は失敗。律法全部の実行は不可能で自らの無力、罪の深さを、いやというほど味わった。そのどん底で示されたのがキリストの十字架だった。私の罪の身代りとしての十字架だった。この尊い神の子の犠牲死はわがためなり、と信じれば、義とされるんだ、との全く新しい地平に導かれることに。

そこに立つ者が「信仰の強い者」ということ。しかし中にいまだ信仰の弱い者がいて、たとえば食物規定の律法にとらわれている者は食べてよい物、いけない物にこだわっていた。しかしパウロはそうした「強くない者の弱さを担うべき」と勧めた。バカにせず、理解し、手助けしたらいいよ、と。

この世の中には、最初に述べたように様々の方面で強い人々がいる。その人々がそうでない弱い人々のその弱さを担うことができれば幸い。自分だけで満足しているのではなく。共に分かち合い、支え合うことができればよいのだけれど。

37　キリストがあなたがたを受け入れてくださったように、あなたがたも互いに相手を受け入れなさい

ローマの信徒への手紙15章7節

「互いに相手を受け入れなさい」とパウロは簡単に言うけれど、これは実際にはなかなか難しいこと。ローマの教会にはユダヤ人クリスチャン（A）と異邦人クリスチャン（B）がいた。Aは昔ながらの律法にこだわった生き方をしていた。Bはそれにとらわれない自由な生き方をしていた。そこに争いが。AはBを裁き、BはAを軽蔑した。こうした両者に向けてパウロはこの言葉を発している。

非難し合うな、排除し合うな、キリストのことを思い起こせ。キリストは広い愛の心をもってあんた方を受け入れてくれている。それに倣い、それに促されて互いに受け入れ合いなさいよ、それぞれのライフスタイルを尊重しなさい、と訴えた。

キリストは確かにユダヤ人を受け入れている。彼は本来神のひとり子だけれども人種的にはれっきとしたユダヤ人。同胞ユダヤ人を何よりも愛し、その救いを願った。「まず、子供たち（ユダヤ人）に十分食べさせなければならない」とまで言っている（マルコによる福音書7章27節）。

しかしキリストは異邦人（外国人）も受け入れている。ここは並のユダヤ人とは違う。ローマ人の百人隊長が来て、僕《しもべ》の病気をいやしてほしいと願った時、イエスはスンナリと「わたしが行って、いやしてあげよう」と言うことが出来た（マタイによる福音書8章7節）。外人であってもその願いは退けなかった。

キリストにはユダヤ人も異邦人もなかった。両者、民族的違いはあるけれどもそれが差別することにはならなかった。キリストには全ての民が愛の対象であった。救われるべき人々だった。

クリスチャンといっても様々。民族、ライフスタイル、酒を飲む人・飲まない人、趣味、支持政党……と異なっている。しかしそうしたことで相手を断罪したり、排除するということになると、それはもうキリストの弟子とは呼べない。

教会に見えてない人々に対してもこのことは言えそう。信仰のない夫・妻・子供達、会社の同僚、学校友達、近隣の人々を愛と寛容の思いをもって受け入れるということ。他の宗教を信じている人達に対しても。バングラデシュで7人もの日本人がイスラム過激派により殺害されてしまった。そこには異教徒は殺しても構わないといった思いがあったか。それはまさに行き過ぎ。驕《おご》り。人の命・宗教を最大限尊重せねば。

38 キリスト・イエスに結ばれてわたしの協力者となっている、プリスカとアキラによろしく。命がけでわたしの命を守ってくれたこの人たちに、わたしだけでなく、異邦人のすべての教会が感謝しています

ローマの信徒への手紙16章3〜4節

ローマの信徒への手紙の最終章ではいかにも手紙らしく目下ローマの教会にいる27名もの知人の名をあげて挨拶を記している。パウロはめざましい伝道の働きをして来た者であるけれどそれは彼単独の活動といったものではなく多くの人々の協力、手助けのあったことがうかがわれるというもの。

その中でもプリスカ（プリスキラ）とアキラ夫妻の協力は大きく決して忘れられないものだった。奥さんであるプリスカの名が先にあがっているのは夫アキラ以上に協力的であったということか。パウロが紀元50年頃にアテネを去ってコリントの町にやって来た時、そこに住んでいたこの夫妻に出会った。彼らはローマ皇帝による、ユダヤ人はローマから退去せよ、との命令によりコリントに移住、すでにキリストを信じる者になっていた。パウロはこの出会いを感謝

し、「職業が同じであったので、彼らの家に住み込んで、一緒に仕事をした。その職業はテント造りであった。パウロは安息日ごとに会堂で論じ、ユダヤ人やギリシア人の説得に努めていた」(使徒言行録18章3～4節)。

パウロに対するこの夫妻の協力はどこに見られるか。

①それはパウロが彼らの家に住むことが許されたこと。お陰で彼はこの町で一年半、ゆっくりと腰を落ち着かせて伝道に当たることができた。夫妻にはイエスの教え「旅をしていたときに宿を貸す」、が覚えられていたのだろう。

②夫妻は命がけでパウロの命を守ったこと。命がけとは命を捨てる覚悟で、思い切ってすること。具体的には何をしたのか、よくわからない。真正面からイエスはメシア(救い主)と宣べ伝えるパウロら伝道者は常に反対者からの迫害・死の危険のうちにあった。そのような者を招き入れた家・者は攻撃の対象とされる。そんな中、夫妻はパウロを無事守り通した。彼らの勇気、信仰と愛にパウロは深い感謝を表明せざるを得なかった。

三浦綾子の『銃口』に、タコ部屋から脱走して来た朝鮮人・金俊明を20日間にわたりかくまい無事に逃がす北森政太郎の話が出て来る。実話に基づくもののようだけれどなかなか出来るものではない。それこそ北森は命がけで金さんを守った。私達は大きなことは出来ないけれど目下困っている人に少しでも手を差し伸べることが出来れば幸い。

39　皆、勝手なことを言わず、仲たがいせず、心を一つにし思いを一つにして、固く結び合いなさい

コリントの信徒への手紙一1章10節

パウロは紀元49～51年の間、ギリシアの都市コリントに滞在して福音を宣べ伝えコリントの教会を建ち上げた。その後、小アジア（今のトルコ）の町エフェソに移って54年頃、この「コリントの信徒への手紙一」を書いた。

今日のところでパウロは「一致の勧め」を述べている。コリントを離れて3年、大変なことが起こっていると聞き知ったので。争い（スキスマ）になっていると。どんな争い？「わたしはパウロにつく」「わたしはアポロに」「わたしはケファに」「わたしはキリストに」などと言い争っていた。

4派による分派争い。パウロにつく、パウロ先生は最高、その教えは深くて素晴らしい。いやいや、アポロ先生の方が優れている、雄弁で格好いい。やはりケファ（ペトロ）でないの、なんと言ってもイエス様の第一弟子だもの。いや、皆んな間違ってる、キリストにこそつき従うべきだ。

なんとも賑やか、信じ難い分派争い。パウロは聞いてびっくり。このままでは生まれたての教会は崩壊してしまう。そこで火消しにまわった。彼は3点を指摘。①「キリストは幾つにも分けられてしまったのですか」②「パウロがあなたがたのために十字架につけられたのですか」③「あなたがたはパウロの名によって洗礼を受けたのですか」。

①キリストは唯一人。二人も三人もいない。唯一のキリストを頂点に頂いていなさい。教会の最高権威者はキリスト。キリストを差し置いて誰もお山の大将になるな。

②わたしパウロを担ごうとする人々、それは有難迷惑というもの。本当に有難いのはキリスト、その十字架。わたしはあんた方のために十字架についた覚えはない。他の誰もそう。担ぐならキリストのみ。

③わたしから洗礼を受けたことを誇る者もいるようだけれど、洗礼はあくまでも「キリストの名によって」なされるもの。そしてクリスチャン（「キリストに属するもの」の意）になる。こんところを間違えるな。

パウロはこんな風に言って一致の勧めをした。なんで分派争いが起こる。お山の大将になりたいから。これはどんな世界でも起こる。ただキリスト教会で忘れてならないのはキリストがあくまでもトップ、ヘッドということ。様々な教派があるけどこの点が守られていれば大目に見るか。教派解消を理想としつつも。

40 ユダヤ人はしるしを求め、ギリシア人は知恵を探しますが、わたしたちは、十字架につけられたキリストを宣べ伝えています

コリントの信徒への手紙一 1章22~23節

ここでパウロは「ユダヤ人はしるしを求め」ると言っている。しるしとは人々をアッと驚かせるような奇跡、証拠のこと。かつて悪魔はイエスを誘惑して言った。「神の子なら、これらの石がパンになるように命じたらどうだ」（マタイによる福音書4章3節）。これにイエスが応えて、エイッとばかりに石をパンにしたら、これはすごい奇跡、神の子の証拠となる。

ユダヤ人はそのようなしるしを求めていた。そんな彼らからすれば「十字架につけられたキリスト」はアホの骨頂だった。なんでそんな者が神の子なのか、メシア（救世主）なのか。それは敗北者の姿、「神に呪われたもの」（申命記21章23節）ではないか。そうした者をクリスチャンは有難がっている。以前のパウロであればそんな連中は偽メシアを宣伝する者としてとても許せるものではなかった。

次にパウロは「ギリシア人は知恵を探します」と言った。ギリシアはソクラテス、プラトンの昔から哲学の盛んな地域。哲学は「世界・人生・事物の究極のあり方や根本原理を理性によ

ってきわめようとする学問」。彼らは理性、あるいは知恵を尽くしてこの探求に当たった。知能のすぐれた人々。

こうした彼らからすると「十字架につけられたキリスト」が救いだ、とするキリスト教の教えはこれまた真に「愚かな」ものにうつった。パウロがアテネに乗り込んでキリストを伝えようとし、エピクロス派やストア派の哲学者と討論したが彼らの反応は極めて冷やか、嘲笑的だった。「このおしゃべりは、何を言いたいのだろうか」（使徒言行録17章18節）と軽くあしらわれた。

こうしたユダヤ人やギリシア人に対して「わたしたちは十字架につけられたキリストを宣べ伝えています」とパウロは言う。愚かと見なされてもいい。しかし「召された者には、神の力、神の知恵であるキリストを宣べ伝えているのです」（コリントの信徒への手紙一 1章24節）。

「十字架につけられたキリスト」には神の力が示されている。神の力は天地の創造の方面だけでなく人類救済の方面にも発揮されている。十字架のキリストにわが罪の犠牲を見る者の罪を赦し永遠の命を与えることが出来るということ。また「神の知恵」は神が熟慮の結果、愛する独り子イエスを十字架につけて人を救うという、誰もが思いつかないような方法手段を講じたところに遺憾なく発揮されている。

41 神は知恵ある者に恥をかかせるため、世の無学な者を選び、力ある者に恥をかかせるため、世の無力な者を選ばれました

コリントの信徒への手紙一1章27節

神の選びは真に不思議。普通であれば、知恵ある者、力ある者、能力ある者、家柄のよい者、地位のある者が選ばれる。こうした人々が招かれる、歓迎される。好ましいと思う。おメガネにかなう。私達もそうした者でありたいと願う。

ところが神の選びは真逆。無学な者、無力な者、世の無に等しい者、身分の卑しい者、見下げられている者が選ばれる。これは不可解。どうして、どうして。そのような者は好ましくない。そうした者にはなりたくない。このエコヒイキぶり。とてもついて行けない。

ところがこれがコリント教会の現実だった。そのほとんど多くの者は無学・無力な者だった。当時は奴隷制の社会。ローマ帝国内で6千万人の奴隷がいたという。こうした人々が教会に次々と入って来た。そしてキリスト信仰に導かれ生きる希望と力を与えられた。彼らは神の選びに与ったということになる。

こうした現象についてパウロは「神は知恵ある者に恥をかかせるため」、「力ある者に恥をか

かせるため」といった視点を提供。なるほど、そういう見方もできるか。知恵ある者、力ある者はそうでない者を見下げ、馬鹿にしていた。しかしそうした人々は救いを取り逃してしまった。気がつけば下等の連中が喜んで生きている。彼らの方が上等の生を味わっている。これは赤面の至り。

それからパウロはこの現象について更に「それは、だれ一人、神の前で誇ることがないようにするためです」と言った。これが実は一番のねらい。もし有力者を神が選んだとしたら彼は自らの力を誇りかねない。自分は価値があるので神は私を選んだ、と神は言われたくなかった。そこで神は誇るべきものを持たない人々に向かった。

そしてパウロは最後にこう言う。「誇る者は主を誇れ」。誇るということであれば、得意がる、自慢するということなら、主をこそ誇れ、と。主は神であり、またキリストのこと。自分のような無力な者を選んでくれた神を誇る。

そして罪の深い私のために、赦しと永遠の命をもたらすために十字架に死んでくれたキリストを誇る、感謝を捧げる。キリストも実は生前、周りに漁師や徴税人や罪人《つみびと》を特に選び集めていた。「わたしが来たのは、正しい人を招くためではなく、罪人を招くためである」（マルコによる福音書2章17節）と。誠に有難く感謝なこと。

42 そちらに行ったとき、わたしは衰弱していて、恐れに取りつかれ、ひどく不安でした

コリントの信徒への手紙一 2章3節

良寛和尚は「うらをみせ　おもてをみせて　ちるもみじ」と歌った。裏も見せる。見られたくない弱点も特に隠さない。ありのまま。そんな和尚の生き方が思われる。

今のパウロが丁度そんな感じ。彼は自分の衰弱ぶり、恐れ、不安を率直に述べている。普通であれば秘めておきたいところだけれど、そうはしない。

パウロはとに角強い人だった。後にパウロがユダヤの最高法院で取り調べを受けた時、大祭司アナニアに向かって、「白く塗った壁よ」などと言い放っている（使徒言行録23章3節）。上辺だけきれいに見える、腹黒い人よ、ということか。こんな恐れ多いことは誰にでも言えるものではない。

そんなパウロだけれど、ここではまるで違っていた。「そちらに行ったとき、わたしは衰弱して」いた、と。アテネからそちら、コリントに行ったとき、はなはだ衰え弱っていた、と。体力、気力が失われていた。

何があった。アテネの伝道（使徒言行録17章）が不成績だった。彼の体に突きささった「一つのとげ」、病気が悪化した。旅で体力を消耗した……。いろんなことが考えられる。また「恐れに取りつかれ、ひどく不安でした」。コリントでも成績があがらないのではないか。人々から嘲笑されるのではないか。危害を加えられるのではないか。実際、キリストを信じた会堂長ソステネは群衆より袋叩きにあっている。

こんな衰弱、恐れ、不安の只中にいたパウロがそこから抜け出すことが出来たのは次のイエスの語りかけだった。「ある夜のこと、主（イエス）は幻の中でこう言われた。『恐れるな。語り続けよ。黙っているな。わたしがあなたと共にいる。だから、あなたを襲って危害を加える者はない。この町には、わたしの民が大勢いるからだ』」（使徒言行録18章9～10節）。

こうしてパウロは新たに勇気と力を与えられて福音を語り、信じる者が起こされ、コリント教会が形づくられることになる。

私達も時に衰弱し、恐れ不安に取りつかれる。そうしたらこれを率直に口にしたらいい。隠すことはない。知り合いは助けてくれるかも。信仰者はこれに加え、神に、キリストに祈って力を頂く。「わたしがあなたと共にいる」、これは大きな安心感を与えてくれる。

43 わたしは植え、アポロは水を注いだ。しかし、成長させてくださったのは神です

コリントの信徒への手紙一3章6節

パウロは「わたしは植え」たと言う。これは彼がコリントの町に行ってキリストの福音の種を蒔《ま》き、信じる人々が出て来て、教会が成立したことを指している。パウロはコリント教会の開拓者。

「アポロは水を注いだ」とはパウロの後を引き継いだアポロがコリントの信徒達に説教して、福音にどこまでも踏みとどまって行くように励まし導いたこと。

「しかし」この二人の働きがあれば充分か、というと決してそうではない、そこに「成長させてくださった……神」がなければ、とパウロは言った。

これはどういうこと？　植物の成長を考えれば察しがつくというもの。種を植え、水を注ぐ。しかしそこに太陽の熱、雨がなければ成長は難しい。それに大地の存在も。こうしたものがあって作物は大きくなって行く。これらは神の恵みと言うべきもの。

これを今信仰の世界に適用するとどうなる？

①信仰の芽が出るのは聖霊によるということ。パウロは「聖霊によらなければ、だれも『イエスは主である』とは言えないのです」と言っている（コリントの信徒への手紙一12章3節）。イエスの霊である聖霊が一人一人に働きかけて、イエスは主、わが救い主と信じられるようになる。

②信仰が途中で無くならないで維持される、それは天上におけるイエスの祈りのお陰ということ。「わたしはあなたのために、信仰が無くならないように祈った」とイエスは述べている（ルカによる福音書22章32節）。イエスの不断の祈りに私の信仰は支えられている。

③遂に信仰が実るのも聖霊によること。パウロは言う。「霊の結ぶ実は愛であり、喜び、平和、寛容、親切、善意、誠実、柔和、節制です」（ガラテヤの信徒への手紙5章22〜23節）。素晴らしい9つのカルポス、実。これらを聖霊はわが内にあって、自己中心の壁に風穴を開け、実りをもたらすために働き続けてくれている。

以上信仰の発芽、成長、実りには神、イエス、聖霊の助けが欠かせない。パウロやアポロの働きは必要なこと。彼らの働きは神の働きに協力する者と言ったらよいかも。このことを知ってコリントの人々よ、私パウロやアポロを何か偉い者であるかのように担ぎまわらないでほしい、担ぐならただ神のみ、ここのところをパウロはここで言いたかった。ついお山の大将になりたがる私達をパウロは厳に戒めている。

44 イエス・キリストという既に据えられている土台を無視して、だれもほかの土台を据えることはできません

コリントの信徒への手紙一3章11節

パウロは「土台」ということを言っている。この前にもこう記している。「わたしは、神からいただいた恵みによって、熟練した建築家のように土台を据えました」。

家を建てるには土台が大事。しっかりとした建物を建て上げるためには基礎工事をおろそかに出来ない。この点はすでにイエスの言っているところ。イエスは「山上の説教」の結びのところでA．賢い人とB．愚かな人の話をしている。Aは岩を土台として家を建てた。Bは砂の上に建てた。やがて「雨が降り、川があふれ、風が吹いてその家に襲いかかる」（マタイによる福音書7章27節）。結果、Aの家は倒れなかったが、Bの家は倒壊してしまう。

とに角土台は大切。そしてパウロが据えた土台とは何か。ここではイエス・キリストという土台、これが教会という建物の土台だよ、と述べる。この土台を無視すれば教会という建造物はぐらつき、倒壊に至ると。

しかしキリストの教会なのにキリストという土台を無視するなんて一寸考えられない。そん

なことあり得るのか。パウロがわざわざこう述べることにはそうした事態のあることを見ていたということではないだろうか。それはどんな事態。

パウロは前にこう言っていた。「ユダヤ人はしるしを求め、ギリシア人は知恵を探しますが、わたしたちは、十字架につけられたキリストを宣べ伝えています」(コリントの信徒への手紙一1章22〜23節)。この「十字架につけられたキリスト」が土台ということ、これを無視するとキリストの教会でなくなる。

ユダヤ人はしるしを求める。奇蹟を求める。現世利益を欲する。支配者ローマを追い出す力あるメシア(救世主)を望む。ギリシア人は知恵を探す。高尚な哲学を求める。こうしたユダヤ人、ギリシア人に受け入れられようとしてキリストの十字架は説かない、こうした恐れは常にある。

十字架を語ることは人間の罪を語ることになるので人々はこれを嫌った。せめてキリストの愛の人格とか隣人愛を説くキリストの話を聞きたいと人は望む。この希望は受けてもよいけれど、それで終われば土台を据えたことにはならない。私達の罪が赦され、永遠の命をもたらすために十字架につけられたキリスト、この唯一無二の福音の上にキリストの教会は立つ。これを外せばキリスト教は一つの道徳、一つの哲学に終わってしまう。

45　管理者に要求されるのは忠実であることです

コリントの信徒への手紙一 4章2節

古代ローマの時代、資産家の主人は配下の者の中から信任に足る者を選んでこれに主人の財産や召使達を管理させた。財産が減らないように、増えるように、召使がキチンとその職務を果たすように目を配らせた。管理の仕事を任された者は主人の厚い信頼に応えようとゆめ怠ることなくこれに精励。

イエスも管理人について述べている。「主人が召し使いたちの上に立てて、時間どおりに食べ物を分配させることにした忠実で賢い管理人は、いったいだれであろうか」（ルカによる福音書12章42節）。しかしその話ではこの管理人は「下男や女中を殴ったり、食べたり飲んだり、酔うようなことに」なって主人より「ひどく鞭打たれる」に至る。主人の言付けに忠実でなかった。

これは今日でも通用するかも。社長から部長とか課長とかの管理職に任命される。ところが部下に対して暴力をふるう、あるいはパワハラ、セクハラを行う、更には過重労働を強いる、こういうことでは管理者失格ということに。

ところで今パウロの場合、何を任されたのだろう。この前のところでこう記している。「人はわたしたちをキリストに仕える者、神の秘められた計画をゆだねられた管理者と考えるべきです」。どうも財産とか部下を管理するようにというのとは大分趣が異なる。キリストなり神なりが主人ということはわかる。しかし「神の秘められた計画」がピンとこない。

これは前の「口語訳」では「神の奥義」と訳されていた。「秘められた計画」、これは元のギリシア語ではミュステーリオン、英語のミステリィ、秘密。その内容は一体何なのか。それは「福音」のこと。そしてパウロに即して言えば「十字架につけられたキリスト」のこと。これが何よりも福音。それがミステリィというのは、それが誰にでもすぐに福音だとはわからないこと。それこそは「秘められた計画」だから。

それが明らかになるとは、キリストを十字架につけることとは神の救済の計画だとわかること。実に私の罪の身代りとしてキリストは十字架につき、罪の赦しと永遠の命をもたらしてくれたとわかること。

この「神の秘められた計画」を一人でも多くの人々にわかってもらえるように伝道する、倦《う》まずたゆまず。これが福音という財産を託された者の、神とキリストへの「忠実」ということになる。

46 わたしに倣《なら》う者になりなさい

コリントの信徒への手紙一4章16節

よくもこんなことが言えたもの、わたしに倣え、だなんて。わたしのまねをし、その通りにせよ、と。パウロってそんなに立派な人なの？　それは立派な人でしょう。しかし完全無欠とは言えないのでは？　所詮は人間、いろいろ欠点があったのでは？

もし倣え、と言うなら、イエス・キリストに倣え、これならわかる。イエスはどこから見ても正しい者だったのだから。実はパウロ、こう述べている。「わたしがキリストに倣う者であるように、あなたがたもこのわたしに倣う者となりなさい」（コリントの信徒への手紙一11章1節）。

パウロはまずキリストに倣う者だった。キリストのどこに倣った？　それはたとえば「キリストの愛の広さ」（エフェソの信徒への手紙3章18節）に倣った。キリストのように人を差別しない、その広い愛に倣いたいと願った。また「へりくだって、死に至るまで、それも十字架の死に至るまで従順」であったキリストに倣いたいと思った（フィリピの信徒への手紙2章8節）。キリストの謙遜と神への従順さ、これを自分も身につけたいと。

パウロは模倣すべきモデル・キリストを前方に持っていた。そして目下模倣中の日々。そうしたパウロが今、コリントの人々に「わたしに倣う者になりなさい」と言う。それはすでに完全の域に到達した我に倣え、と言うのではないだろう。むしろキリストに倣おうとしているわたしに倣ってほしい、ということと受け止めてよいのでは？　つまりキリストの愛、謙遜、従順の姿に倣うわたしに倣う。これはとどのつまりはあなたがたもキリストに倣う者になりなさい、ということに。

人はいきなりキリストに倣っていい。福音書を開けばそこに彼の姿が鮮やかに記録されている。古来多くの人々がキリストの生き方に少しでも近づこうとした。アッシジのフランチェスコとか賀川豊彦とか。今日でもキリストはモデルであり続ける。またパウロをモデルとすることも可能。パウロは聖人には違いないけれど一方で非常に人間臭いので親近感が持てそう。

キリスト、パウロ、その他モデルがあることは幸い。キリスト教に限らず様々な分野に勝れた人はいるのでこれに真似るところがあっていい。そして今度は私達自身が人から真似られる者となれれば幸いなこと。何かそんな長所が一つでもあればよいのだけれど。それは無理？いや一つくらいはあるんじゃない？　周りの人はそれを注目している。

47　あなたがたの中から悪い者を除き去りなさい

コリントの信徒への手紙一5章13節

パウロはなかなか厳しいことを言う。ここで「あなたがたの中」とは「兄弟と呼ばれる人で」(11節)ということ。これまでの古い生き方を悔い改めてキリストを信じて洗礼を受けクリスチャンとなる、教会のメンバーとされる。この人々を同じ信仰に結ばれた兄弟姉妹と呼ぶ。神の家族とされたお互い同志。それは素晴らしいこと、感謝なこと。

こうした「兄弟と呼ばれる人で」、「みだらな者、強欲な者、偶像を礼拝する者、人を悪く言う者、酒におぼれる者、人の物を奪う者がいれば」、そうした「悪い者を除き去りなさい」とパウロは言った。

「いれば」というのだから仮定の話なのか。どうも全くの仮定の話でもない。実際そうした者がいたよう。「ある人が父の妻をわがものとしている」との「みだらな行い」があるとの情報を伝え聞いたとパウロはこの前の方の箇所で述べている(5章1節)。「父の妻」とは「義母」のことで両者の性的関係は禁じられていた(レビ記18章8節)。

当時コリントは歓楽都市として有名で性的な乱れ、性犯罪が多く見られた。こうした所に生まれ育った人がパウロの伝える福音に接して悔い改めてクリスチャンになる、そうした人々が少なくなかったろう。

ところが一度はキリストを信じる者になって清く正しく生きようと決心した人がまたぞろ古い生活に戻ってしまう、そういう者がいたということなのだろう。

こうした人には他の信仰仲間がいろいろと忠告したと思われる。早くそうした状態から脱け出なさいよ、そういうことではクリスチャンの証しにはならないよ、と。

しかしながら彼は残念ながら聞く耳を持たなかった。いつまでも罪の生活を続けた。これを聞いてパウロはその「悪い者を除き去りなさい」と告げねばならなかった。除名処分、それはパウロにとり悲しむべき痛い決断だったが、そうしないとキリストの教会は純正さが保てない、他に伝染して教会は崩壊すると思われた。

パウロは「みだらな者」の他にも様々の場合をあげているけれど、私達はこれらに該当する者とならないように日々、神の助けと赦しを祈り求めつつ歩んで行こう。更に一歩清められるよう聖霊の助けを願おう。また広く教会外の人々も清く正しく生きることは望ましいこと、是非その方向で歩んで行けたらと思われる。そして日本全体が少しでも良くなれば。

48 あなたがたの体は、神からいただいた聖霊が宿ってくださる神殿であり、あなたがたはもはや自分自身のものではないのです

コリントの信徒への手紙一6章19節

あなたがたのその体は神殿だと言う。これは驚き、思いがけないこと。神殿はどこそこにデンと立っている。動かない。体が神殿だとそうはゆかない。私という体は動きまわる、じっとしていない。それでも神殿なの？　それでもいいらしい。パウロによればその内に聖霊が宿っているので。確かにそうであれば神殿と称してもいいのだろう。

聖霊とは何？　それは神の霊、またキリストの霊というもの。ペトロは言った。「イエス・キリストの名によって洗礼を受け、罪を赦していただきなさい。そうすれば、賜物《たまもの》として聖霊を受けます」（使徒言行録2章38節）。洗礼を受けたものがクリスチャンと呼ばれ内に聖霊を宿す者となる。

またこの洗礼は「キリスト・イエスに結ばれるために洗礼を受けたわたしたち」（ローマの信徒への手紙6章3節）とあるようにキリストと結婚、合体すること。キリストの体の一部、キリストの所属となること。主人がキリストになる。従ってあなたがたの体は「もはや自分自身の

ものではないのです」ということに。この体の所有権の移転が起きる。この移転の登記日が洗礼を受けた日。

私という体の主人公はキリスト。この方が聖霊としてわが内に宿っている。この「体はみだらな行いのためではなく、主（キリスト）のためにあり、主は体のためにおられるのです」（コリントの信徒への手紙一6章13節）。そしてパウロはみだらな行いの例を述べる。「キリストの体の一部を娼婦の体の一部としてもよいのか」（6章15節）。

当時コリント市をのぞむアクラコリントス山頂に女神アフロディテを祭る神殿があり、そこに1千人余の娼婦がいた。参詣人が彼女らと交わることは普通に行われていた。そうした環境で育ってクリスチャンになった者がまた娼婦のところに行く、ということが見られたのだろう。そんなことがあってはいけませんよ、とパウロは強く戒める。キリストと結びつき、聖霊を宿す神殿とされている君よ、「みだらな行いを避けなさい」（6章18節）、体を清く保て、「自分の体で神の栄光を現しなさい」（6章20節）と呼びかける。

日本には今日、表向き娼婦はいないけれど実体は残っている。そうした所に通うことは避けたい。彼女らが正業につくことを願おう。男も女も体を清く保ち、神と人々に喜ばれるように体を用いて行きたいもの。

49　男は女に触れない方がよい

コリントの信徒への手紙一７章１節

上記の言葉は要するに「結婚しない方がいいよ」ということ。なぜパウロはそんなことを言うのか。そこには、①切迫した終末理解があった。間もなく世の終わりが来る、主キリストが再び来て最後の審判を行う。結婚なんかしている場合ではないよ。②結婚すると妻や夫を喜ばせようという思いが強まってキリストに仕えようとする思いが第二になってしまう。……こんな考え方から結婚を勧めなかった。

ところがこの直後にこう述べる。「しかし、みだらな行いを避けるために、男はめいめい自分の妻を持ち、また、女はめいめい自分の夫を持ちなさい」。性的欲望が暴走しないための結婚を勧めている。「みだらな行い」とは娼婦と交わるとか夫・妻以外の男女の結びつきを言う。そんなことになるよりは結婚した方がよいとした。

パウロとしては「あなたがたが自分を抑制する力がないのに乗じて、サタンが誘惑しないともかぎらない」（５節）ことがとても心配だった。だからパウロの論法によれば性的欲望をコントロール出来る者は結婚する必要はないということになる。彼はそうした一人だったのだろう。

だから次にはっきり言う。「わたしとしては、皆がわたしのように独りでいてほしい」（7節）。パウロは独身主義者だった。それを皆に勧めている。ところが続けてこうも述べた。「しかし、人はそれぞれ神から賜物《たまもの》をいただいているのですから、人によって生き方が違います」。「人によって生き方が違う」、つまり独身で生きる人もいれば、結婚する人もいるということ。そしてそれぞれが神からのプレゼントだとした。

パウロとしては独身をとるのだけれど、しかしこれを強要はしなかった。結婚もありだよ、とした。ここらあたりにパウロのバランス感覚を見る。誰も独身者や結婚した者を悪く言うことは出来ない。

このことをふまえつつ、それにしても私は言いたい。事情が許すならば皆さん結婚してほしい、と。創世記の記事によれば、神は男と女を創造しこれを祝福して「産めよ、増えよ」と言っている（1章28節）。また「男は父母を離れて女と結ばれ、二人は一体となる」（1章24節）とある。結婚には性的方面のことと共に「互いに助け合う」ということがある。

聖書は基本的には結婚を神の定めとして祝福している。しかし独身として生きる道も神の賜物としてあることをパウロは述べた。

50 信者でない夫は、信者である妻のゆえに聖なる者とされ、信者でない妻は、信者である夫のゆえに聖なる者とされている

コリントの信徒への手紙一7章14節

これは一寸思いがけない言葉。一寸どころではないかも。こんなことほんとにパウロが言ったの？　言った。

「聖なる者とされる」とはキリストを信じて洗礼を受け、罪の赦しを頂き、キリストと結ばれ、わが身はキリストのものとされた者のこと。これがパウロのかねて訴えて来たところ。信仰とか洗礼が前提。

今、「信者でない夫」はキリスト信仰を持っていない、洗礼も受けていない。それなのに聖なる者とされている、とパウロは言う。そんな発言の根拠はなんなのか。それは「信者である妻のゆえに」だと。

どういうこと？　それは理解に苦しむところだけれど、パウロは性的結合ということを考えているみたい。前に彼はこう述べていた。「娼婦と交わる者はその女と一つの体となる」(コリントの信徒への手紙一6章16節)。そのような「みだらな行いをする者は、自分の体に対して罪を犯

している」（6章18節）。自らに汚れを招いている。

そしてこの度は「信者である妻」と交わる。その場合にはすでに聖なる者とされている妻との結合のゆえに、妻の聖さが未信者の夫の内に伝わって行くよ、そして聖なる者とされるんだ、とこうパウロは言っているよう。妻はその信仰のゆえに罪の赦しに与り、その身はキリストのものとされている。その妻と一体となる夫にも罪の赦しはもたらされ、本人も気付かぬうちにキリストのものとされているよ、ということ。

これはキリストの恵みの御裾分けとでも言ったらよいか。妻が受けた恵みがその夫に分け与えられて行く。夫は未信者で信仰はなく洗礼とは無関係なのに信者の妻を通してキリストの恵みは流れて行く。もしそうならその夫は妻に感謝したいもの。聖なる者とされている者は天国行きが約束されているのだから。

そして出来れば未信者の夫、あるいは未信者の妻が今度は自覚をもってキリストの救いを求められれば幸い。矢張り基本はあなたの信仰があなたを救うのだから。そのために陰ながら信者の妻・夫はあなたのために日々祈っているのだから。

信者でない夫の皆さん、あなたはすでに信者の妻のゆえに聖なる者とみなされている、キリストによって大きく受け入れられている。このことを知って大いに感謝してほしい。

51　わたしたちにとっては、唯一の神、父である神がおられ、万物はこの神から出、わたしたちはこの神へ帰って行くのです

コリントの信徒への手紙一8章6節

　パウロはこの言葉のすぐ前でこう記す。「現に多くの神々、多くの主《しゅ》がいると思われているように、たとえ天や地に神々と呼ばれるものがいても」。確かに天地には多くの神々・主がいるとされている。天における太陽、月、星々がそのようなものとして拝まれている。地においては山や大きな木、岩、蛇、狐、偉大な働きをした人物等が神々として奉られている。多くの人々はこれらに手を合わせ、あるいは恐れている。

　こうした中、パウロは「唯一の神」と言い、「万物はこの神から出」たものだ、と述べる、万物だからそこには天と地にある全ての物を含む。それらは神の被造物ということになる。宗教改革者のカルヴァンは「太陽は私達の下男」などと記している。それは神によって私達に役立つように造られたものだと。真に礼拝されるべき対象は唯一の創造者なる神ということになる。

　そしていずれ「わたしたちはこの神へ帰って行く」。地上での生涯の歩みを終了したならば、

私達人間は造り主である神のもとへと帰還する。只今帰りました、といった具合。そして神の膝元、天国で安らぐことになる。誠に感謝という他はない。

それからパウロはこの言葉に続けてこう述べている。「また、唯一の主、イエス・キリストがおられ、万物はこの主によって存在し、わたしたちもまたこの主によって存在しているのです」。

これもまた大きな言葉。唯一の神と平行させて「唯一の主」をあげそれがイエス・キリストだと。両者の関係は「神の子イエス」ということに。神の子なのでイエスはやはり神的存在。神と言ってもよいけれど神とは区別して「主」と表現。当時ローマ皇帝は主なる神として崇められた。そうした中、クリスチャンは、人類の罪が赦されるために十字架につけられ、その後復活して昇天し、現在神の右に座するに至ったイエスこそ真実の主として礼拝。

そして万物、また私達はこの主によって存在している、と。ここには大きな大きなキリストが描かれている。太陽、月、星、山、川、動物、植物そして私達人間、その存在は深くキリストに負っているということ。私達の知らないところでキリストの支えの手があって、今私達はそれぞれ所を得、生かされているということ。このことを思えばキリストに大きな大きな感謝を捧げねば。

52 あなたがたも賞を得るように走りなさい

コリントの信徒への手紙一9章24節

2020年は東京オリンピックということで楽しみにしていた人は多いことだろう。オリンピックはギリシアのオリンピア市で行われた競技会を源流とするようだ。同じギリシアにあるコリント市でも隔年に開催される競技会は盛んだった。パウロはコリントに紀元49年より51年にかけて2年余り滞在したのでこの競技を目にすることもあったろう。そんなところから上掲の言葉になっている。

「賞を得る」、走者は栄えある優勝を目指して全力で走って行く。あなたがた信仰の世界に生きる者もかくあれば、と勧める。賞を得るようにね。そしてパウロはこう続ける。「競技をする人は皆、すべてに節制します」。それはそうだろう。①食欲、②飲酒、③喫煙といったものの量を抑制して身体のコンディションをこわさないようにする。それを食べたいからといって量も質も考えないで食べ放題、これではバランスをくずす、余分な脂肪がついて軽やかに体を動かすことは出来ない。酒もタバコも同様。一体に一流のアスリート、競技者達はこうしたものを節制するだろう、常に自分の欲望とたたかっているのだろう（こうした節制はアスリートでなくても心がけたいところ）。

そしてパウロは言う。「彼らは朽ちる冠を得るためにそうするのですが、わたしたちは、朽ちない冠を得るために節制するのです」。古代ギリシアにおいて優勝者にはその頭に月桂樹の枝葉で作った冠がかぶせられた。月桂冠、それは栄誉のしるしであるが、なにせ植物なのでやがて朽ちて行く、枯れてしまう。その点私達は「朽ちない冠」を得るのだと。それはどんな冠？　一言で言えばそれは「永遠の命」といったもの。

初代教会にステファノという人がいた（原語はステファノス＝「冠」の意）。彼は最後、石をもって殺害されたが、信仰を守り通したことにより永遠の命、永遠の国を受け継ぐ者となったことは確かだろう。彼のように華々しくなくとも地味であっても信仰者としての歩みをなすことができればキリストは冠をさずけてくれる。

そのための訓練は何んだろう。それは日々①聖書を読む、②祈る、③日曜礼拝に参加する。そのために多少の節制を心がける。見たいテレビや行きたいところを控える……。それは訓練だけれど苦行といったものではなく楽しい、心安まるひと時。私は世の人々にこうした世界のあることを知って頂けたらと思う。

53

あなたがたを襲った試練で、人間として耐えられないようなものはなかったはずです。神は真実な方です。あなたがたを耐えられないような試練に遭《あ》わせることはなさらず、試練と共に、それに耐えられるよう、逃れる道をも備えていてくださいます

コリントの信徒への手紙一10章13節

試練とは何んだろう。「①こころみきたえること。ためし。②信仰心・実力・信念などの程度をためすこと。また、そのための苦しみ」と国語辞典にある。簡単に言えばテストのこと。一体にテストが好き、という人はあんまりいないのではないか。しかしテストがあるのでそれに予め《あらかじ》備える、少しでもよい点数がとれるように努力する、ということがあって人間を鍛える面がある。遊びたいところだがここはガマンする、という風に。

ただテストと試練は一寸違うかな。試す点では同じだけれど、テストは予め日時が決まっている。試練となるといつ、いっかという訳には行かない。いつふりかかってくるかわからない。そして多くは災難と思われるもの。こういうものには人間、誰もあいたくはない。

具体的にはどんなもの？　病気、負傷、死別、倒産、人間関係の破綻、いじめ、迫害、自然災害……。どれも招かざる客。しかし人間やってればこうしたものに出くわす。こうした目にあうとつい神も仏もあるものか、と思いがち。

この点パウロは「神は真実な方、愛の深い方で、耐えられないような試練にあわせることはないよ。逃れる道も備えていてくれるよ」などと言う。

試練なんかにあわせてくれないことが一番と思われるところだけれど、神はそれを通して「鍛える」ということが考えられる。その人がもっと精神を強くするように、あるいは信仰心を深め強めようとして。

そして神は試練に耐えられるように逃れ道を準備している、と。逃れ道、それは①人の助けではないか。私達は今日までいろんな人の助けを頂きながらやってこられた。親、兄弟、友人、行政。神は必ずこうした人々を用意していてくれる。

②神の助け。人の助けなどアテにならない、と思われる時、私達の目を地上より天に向ける。地上は八方ふさがりであっても私達は上を見上げることができる。そこに愛と恵みに満ちた父なる神とイエス・キリストがおられる。神とキリストに向かって救助を求める。この時私達に新しい力がもたらされることに。

54 これは、あなたがたのためのわたしの体である。わたしの記念としてこのように行いなさい

コリントの信徒への手紙一11章24節

イエスが十字架につけられる前の晩に「最後の晩餐」をとったことは4つの福音書とこのコリントの信徒への手紙一11章の5箇所に載っている。この中で一番早く書かれたのがコリントの信徒への手紙一で紀元の50年代。だから一番信頼できる記述かも。

パウロはイエスの直弟子ではないので最後の晩餐には出席していない。その模様は出席者のペトロ等から聞いたことになる。上記の言葉の前に次の言葉をパウロは伝え聞いていた。「主イエスは、引き渡される夜、パンを取り、感謝の祈りをささげてそれを裂き、『これは、あなたがたのためのわたしの体……』」。

「引き渡される夜」とはこの数時間後にイエスが逮捕されることを言っている。そしてその後に十字架につけられることを見越してこの挙に出た。丸い平べったいパンを裂いて弟子達に与えて『これは……』と述べた。それは次の意だろう。「この裂かれたパンはあなたがたのために十字架につくわたしの体を表しているよ。今後この十字架・犠牲を忘れないように、それ

を思い出すようにわたしの記念・メモリアルとして行ってほしい」。

それからパウロはこのあと次の記述を残している。「また、食事の後で、杯も同じようにして、『この杯は、わたしの血によって立てられる新しい契約である。飲む度に、わたしの記念としてこのように行いなさい』と言われました」。多分大きめの杯を回し飲みした。茶道の濃茶《こいちゃ》のように。（千利休はイエスのやり方を真似たかも）。

イエスは次のつもりでその仕草をしたのだろう。「この杯、ぶどう酒はわたしの犠牲の血を表しているよ。この血によって新しい契約が確立される。従来の律法を守り行うことで罪の赦しと永遠の命が得られるという古い約束ではなく、あなたがわたしの犠牲を自分のためと信じ受け入れることによってそれが得られるという新しい約束だ」。

以来教会は2千年の間、パンとぶどう酒を頂く儀式＝聖餐式を守って来た。①イエスの犠牲を忘れないために。②聖餐はイエスの想起と共に今も復活して生きているイエスと交わるという意味合いがある。聖霊の助けを祈りつつ、信仰をもってパンを食べ、ぶどう酒を頂く程に生けるイエスがわが内に入って来てくれる、宿ってくれる。これは誠に感謝なこと。

私は世の多くの人々が聖餐に陪席できるよう祈っている。

55 聖霊によらなければ、だれも「イエスは主である」とは言えないのです

コリントの信徒への手紙一12章3節

ここで言う聖霊は復活したイエス・キリストの霊のこと。イエスは十字架による刑死の後に復活して栄光の体となって天の父なる神の右に座している。と同時に霊的姿において地上の教会に、信徒の心の内に宿っている。もはや肉眼には見えない。これを聖霊と言っている。

この聖霊が一人一人にいろいろな賜物《たまもの》（カリスマ）を与えてくれる。パウロはここでこんな場合をあげている。①知恵の言葉、②知識の言葉、③信仰、④病気をいやす力、⑤奇跡を行う力、⑥預言する力、⑦霊を見分ける力、⑧異言を語る力、⑨異言を解釈する力。

なかなか素晴らしい賜物。ここで「異言」というのは一種宗教的エクスタシーに達して訳のわからない言葉を口にすること。当時の教会にはこの現象が結構見られた。パウロはこれを高く評価しなかったけれど否定はしなかった。

ところでパウロはこのリストの前に冒頭の言葉を記している。「イエスは主である」とわかる、言い表す、これは聖霊によることだよ、と。ということはこれが一番の賜物だと言えない

か。実は13章になると「もっと大きな賜物」として「愛」をあげているので、それからすれば「イエスは主」との告白は二番目に重要なものとなるのだろう。

しかし順序はさておいてもこの告白が出来るということは極めて大変なこと。これはまさに聖霊の働きかけがなければまず無理なこと。だって十字架につけられた者が私の主だと言うのだから。主とは神だとか救い主の意。当時はローマ皇帝が主（キュリオス）と言われ皇帝礼拝が強要された。

こうした中、信徒は私達の罪が赦されるために犠牲の死を遂げてくれて、今復活して天にあり、聖霊として臨んでくれているイエスこそ真実の主と言い表した。結果、主なる皇帝を拝まぬ信徒は迫害を受けることに。

頭がいいからイエスは主である、とわかるのではない。ただ聖霊がその人に働きかけて心のまなこを開いてくれることによって2千年昔のイエスがグッと近くなる。他ならぬ私のために命を捨てたことが有難く思われてくる。イエスはヨソの人ではなく私の神、私を罪と死から救い永遠の命を与えるお方と心の底から信じる者とされる。これはまさに聖霊による賜物と言わねば。この聖霊は風のように今あなたに向かって吹いている。

56 一つの部分が苦しめば、すべての部分が共に苦しみ、一つの部分が尊ばれれば、すべての部分が共に喜ぶのです

コリントの信徒への手紙一12章26節

パウロはここで私達人間の体についていろいろと述べている。「体は、一つの部分ではなく、多くの部分から成っています」。これはその通り、そしてどの部分も大事だよ、ということを展開して行く。

「もし体全体が目だったら、どこで聞きますか。もし全体が耳だったら、どこでにおいをかぎますか」。これはその通り。目も耳も鼻も大切な役割を持ち必要欠くべからざるもの。更に言う。「目が手に向かって『お前は要らない』とは言えず、また、頭が足に向かって『お前たちは要らない』とも言えません」。

目は手よりも高い位置にあるのでつい高ぶって「お前は要らない」と、頭も足より上にあるので傲慢になって「お前たちは要らない」と言うことになるということか。手や足がなくなったら大変に困ることも知らないで。

そしてパウロは言う。「体の中でほかよりも弱く見える部分が、かえって必要なのです」。体

の中で他よりも弱く見える部分とは何を指すのか、よくわからない。仮にそう見える部分があったとしてもそれは「かえって必要なもの」。とに角全ては必要なものには違いない。

以上のことからパウロは何を言いたい？　それは「キリストの体」と言われる教会について言おうとしている。信徒一人一人はキリストの体＝教会につながっている部分部分。一人一人、違った個性、能力を持っていてキリストの体にとってなくてならない存在。お前なんかいらない、なんてとても言えない。かえって弱く見える部分・人が必要。

肉体が弱い、精神が弱い、信仰が弱い、経済的に困難を覚えている、年をとっていろいろと不自由……。こうした人がかえって必要。そうすると「各部分が互いに配慮し合」うようになる。「一つの部分が苦しめば、すべての部分が共に苦しし」む、この事が大きく期待される。「一つの部分が尊ばれれば、すべての部分が共に喜ぶ」、喜びも一緒に味わう。パウロはこのような教会を思い描き期待した。

このデッサンは家庭、会社、学校、地域社会、国全体に願われることでは？　人の苦しみをわが事のようにして苦しむ。そして少しでもその人に寄り添い、お支えをする。その人が何かの事で喜んでいるようならこれを共に喜ぶ。そんな私、そんな社会になれば幸い。

57　愛がなければ、無に等しい

コリントの信徒への手紙一13章2節

この13章は「愛の賛歌」の章としてよく知られているところ。この冒頭でパウロは繰返し「愛がなければ」と述べている。少し引用が長くなるけれど以下にそれを記してみる。まず「愛がなければ」の1回目。

「たとえ、人々の異言、天使たちの異言を語ろうとも、愛がなければ、わたしは騒がしいどら、やかましいシンバル」。異言は宗教的エクスタシーに達して口から出て来る、他人には意味不明の言葉。この経験を誇る人々がいて、この域に達していない人を見下げた。これについてパウロは、そこに愛がなければその言語発声は騒音でしかないとした。この場合の愛は他人を決してバカにしない、ということか。

2回目。「たとえ、預言する賜物《たまもの》を持ち、あらゆる神秘とあらゆる知識に通じていようとも、たとえ、山を動かすほどの完全な信仰を持っていようとも、愛がなければ、無に等しい」。これもパウロの思い切った言葉。預言、神秘（奥義）、知識、信仰、どれも素晴らしい賜物、この一つにでも豊かに与ることが出来ればと願われる。

ここにおいてもそこに愛がなければ無だ、ナッシングだ、と断言するのはどのような事情によるのか。やはりそこにはこれを持つ者の誇り、おごり高ぶりが見てとれるということか。むしろ益々謙遜になれと言いたいのだろう。

3回目。「全財産を貧しい人々のために使い尽くそうとも、誇ろうとしてわが身を死に引き渡そうとも、愛がなければ、わたしに何の益もない」。これも過激と言ってよいような言葉。全財産を貧しい人々のために使い尽くす、これ以上の愛はないのではないか。イエスも金持ちの男に「持っている物を売り払い、貧しい人々に施しなさい」と言っている（マルコによる福音書10章21節）。わが身を引き渡す＝殉教ということも信仰の極致、なかなか出来ないこと。こうした場合にも愛がなければとはどう言えばよいか。やはりそこにも誇りが、売名行為がないか、と言うことなのだろう。多額の寄付や殉教の死さえ自分の名を売りこむことになる。不純な動機をパウロは見逃さなかった。

以上、異言から殉教に至る、様々なケースがあげられた、どれも良いもの。これをパウロは否定しない。ただどの場合にも他人を思いやる愛の心が根底になければいけないとした。私達、日々いろいろと考え行って来ているけれどその際、愛の規準を立てたらどうだろう。その行いには愛があるか、ないかと。

58　愛は忍耐強い

コリントの信徒への手紙一13章4節

パウロはここで愛の特色について上記の言葉に続けて次のように述べる。少し長いけれどこれを記せば――「愛は情け深い。ねたまない。愛は自慢せず、高ぶらない。礼を失せず、自分の利益を求めず、いらだたず、恨みを抱かない。不義を喜ばず、真実を喜ぶ。すべてを忍び、すべてを信じ、すべてを望み、すべてに耐える」。

以上15個程あげている。ここでは冒頭の「愛は忍耐強い」について考えてみたい。忍耐というと「苦しみ、つらさ、怒りなどをじっとがまんすること」を言うのだろう。これはしかしなかなか出来ない相談。つい頭に血がのぼって相手に怒りをぶつけるのが私達。

妻の態度、夫の態度に腹を立てる。口げんかとなり時に腕をふりあげる。あるいはもう互いに口もきかなくなる。場合によっては離婚に。どうしたらいいのだろう。そこに忍耐心があれば、じっとがまんできれば。どうやって。①自分の側に落度がないか反省してみる。それを棚《たな》に上げて相手を一方的に責めていないか。②自分に責任があればこれを認めてゆるしを願う。③相手がゆるしてほしいと言ってきたら、これをゆるす。いつまでもネチネチしていない。

頭に血がのぼることは親と子の間でも起こる。上司と部下の間でも起こる。およそ人間の集まるところではどこでも起こる。そんな時①②③を覚えることが出来れば幸い。しかし実際問題なかなかそうは行かないことが少なくないかも。

Ⓐ自分はどこまでも正しいと信じている。Ⓑ自分の責任を認めることは弱さだと思う。Ⓒ相手がゆるしてほしいと乞うて来たらゆるしてあげてもよいと考える。

いやはや、なかなかやっかい、突破口はある？　こんな言葉がある。「主の忍耐深さを、救いと考えなさい」（ペトロの手紙二3章15節）。主キリストは私達に忍耐深くあるよ。そのお陰で私達はなお生かされているんだよ。罪の深い私達、人を傷つけてやまない私達、多くの失敗と過ちを重ねている私達。キリストからすれば唾棄されるべき私達。そんな私達が今日も生きている。そこには私達一人一人に対するキリストの忍耐強さがある。言いかえれば愛がある。更に言いかえればゆるしがあるということ。

まずキリストが私達に忍耐強く対処してくれている。このことに気がついて私達も周りの人に忍耐強く対処出来れば幸い。出来るのでは。それこそは愛。相手を生かし自分も生かす。

59　すべてを適切に、秩序正しく行いなさい

コリントの信徒への手紙一14章40節

何事も適切に秩序正しく行うことは望ましいことだけれども、パウロはこの言葉をどういう状況で言ったものか。これは今日の私達からすると一寸想像するに困難と思われるような場面。当時、紀元1世紀のコリント教会の礼拝では今日の教会に見られるような礼拝順序といったものがなかったみたい。そこに集まっている人達の中で、Aさんが急に異言を語り出す。Bさんも C さんも語り出す。異言は当人が聖霊に感じて一種宗教的恍惚状態になって次々と訳のわからない言葉が口をついて出て来るもの。そんな人達が一斉にやるもんだから熱気紛々、誠に騒々しい。

一方で預言する者もいた。預言はみんなにわかる言語で神の言葉を語るもので、これは今日の説教と言ってよいもの。ただその場合もDさんが聖霊に感じて語り出す。EさんもFさんも負けてはならじと語り出す。これを同時的にやるもんだから矢張り聞きとりにくい。

他にも祈っている人がいるかと思えば賛美歌を歌っている人がいる。

およそ賑やか、賑やかを越えてうるさい。皆が好き勝手、てんでばらばらなことを行い、ひ

とり悦に入っている。

パウロはこのコリント教会の様子を聞いて、これではいけないな、外部の人が見たら「気が変だ」と言われるのではないか、「教会を造り上げる」ことにはならない、教会は空中分解してしまう、と思われた。そこで彼は次のような具体的指示を与えた。

（1）「異言を語る者がいれば、二人かせいぜい三人が順番に語り、一人に解釈させなさい」。

（2）「預言する者の場合は、二人か三人が語り、他の者たちはそれを検討しなさい」。

（3）「霊で祈り、理性でも祈ることにしましょう。霊で賛美し、理性でも賛美することにしましょう」。

そしてパウロはこう結んだ。「神は無秩序の神ではなく、平和の神だからです」。「すべてを適切に、秩序正しく行いなさい」。

とに角順番を守って、わかる言葉で語る、祈る、歌う。こうすれば無秩序から救われる。礼拝は大分落着きを取戻す。平和になる。一体に順番を守らない、その底には一人よがりがある。自分の考え・言動を絶対とし他人の立場・権利を無視する。これでは混乱に陥る。教会の内外を問わず秩序・平和は望ましいこと。極力一人よがりを避け、他者の思いをくみ取ることが出来れば、と望まれる。

60 神の恵みによって今日のわたしがあるのです

コリントの信徒への手紙一15章10節

パウロが紀元55年頃にギリシアのコリント市にある教会の仲間に宛てた第一の手紙は16章に及ぶ長いもの。その第15章には「復活」のことが集中的に述べられている。

その中で「最も大切なこととしてわたしがあなたがたに伝えたのは、わたしも受けたものです」と記し、「すなわち、キリストが、聖書に書いてあるとおりわたしたちの罪のために死んだこと、葬られたこと、また、聖書に書いてあるとおりに三日目に復活したこと、ケファに現れ、その後十二人に現れたことです」と。

これは最古の信仰告白とも言われる。世界の教会で大事にされている『使徒信条』という信仰告白は紀元2世紀の『ローマ信条』に原形を見ることが出来るけれど、それよりももっと古いことになる。1世紀の産物。そこには簡潔にキリストの死、葬り、復活、現れの4点が言われている。この告白、伝承はパウロの発明、独創でなくすでに原始教会、初代教会にあったもの、それをパウロが受けてあなたがた、コリントの人々に伝えたと。これは箱根駅伝のようたすきのようにこの告白を受けては次の人に渡して行く。このようにして2千年に及ぶマラソンがなされて来た。

ところでパウロはここで復活したキリストの現れ（顕現）について以下詳しく述べて行く。これは別の伝承によると思われるけれど「次いで、五百人以上もの兄弟たちに同時に現れました。（中略）次いで、ヤコブに現れ、その後すべての使徒に現れ」。五百人以上とは驚き。そしてこう記す。「最後に、月足らずで生まれたようなわたしにも現れました」。

パウロに現れたというのも驚き。だって彼はイエスの弟子なんかではない。イエスをキリスト（救世主）と信じる弟子達を迫害して回っていた。殺されたイエスが復活したと偽りを宣伝する彼らはゆるせないと。そんなパウロがダマスコに住む弟子達をふんじばろうと向かった道中で「サウル（パウロの前の名）、サウル、なぜ、わたしを迫害するのか」（使徒言行録9章4節）というイエスの声を聞いた。これにはびっくり仰天。この時を境に彼は１８０度転回。以後キリストは私の罪のために死んで、復活したと信じ、伝道者となってしまう。

今パウロはそんな自分を振り返ってみてしみじみと書かざるを得なかった。「神の恵みによって今日のわたしがあるのです」と。同様に、神の恵み、ゆるし、導きによって今日のこの私も、そしてあなたもあると言ってよいのでは。

61　蒔《ま》かれるときは朽ちるものでも、朽ちないものに復活し……

コリントの信徒への手紙一15章42節

人の一生は死をもって終わる、と普通考えられている。普通って、これ以外の考え方があるの？　ない、ない。死はまさに一巻の終わり。あとは何も無い。

こうした一般常識に対してパウロは「復活」ということを言う。死の後に復活があるよ、と。そんな事、とても信じられない。ここはひとまずパウロの言い分に耳を傾けてみたい。

「蒔かれるときは朽ちる」とは、人間はオンギャーと生まれて、やがて朽ち果てることを言っている。青年期、壮年期の盛んな時を経過して老年期に至り、立ち木が朽ちるように人間も朽ち組織は分解する。骨となり灰となる。

ところがその後、神の大能の力によって、キリストがその「初穂」となったように死者は「朽ちないものに復活」すると言う。「朽ちないもの」と言うのだから、それは永遠的存在ということになる。

同じようにパウロは続けてこう記す。「蒔かれるときは卑しいものでも、輝かしいものに復活し」。私達の一生はそんな立派なものではない。結構下品なことを考えたり、口にしたり、行っている。そんな者が死後復活に与《あずか》って「輝かしいもの」に変えられますよ、と。

イエスも言っている。「死者の中から復活するときには……天使のようになるのだ」（マルコによる福音書12章25節）。天使のように輝かしい存在になる。聖められ、天にあって神に仕え、天から人を守る者となる。

もう一つ、パウロはこう述べる。「蒔かれるときには弱いものでも、力強いものに復活するのです」。私達、精神的にも肉体的にも充分強いとは言えない。多くの弱さを持つ。時に心は病み、肉体が病む。こんな私達も充分に健やかな心身の持ち主とされる、と。

以上三つの特性を持った復活体についてパウロは「霊の体」と言っている。朽ちない、輝かしい、力強い「霊の体」で天国で生きると。もしそうであるならば「復活の日＝永遠の日」が私達の生きる最終目標となる。パウロはそこまで考えている。

そんなことはとても信じられない。これはまさに信仰の問題。信仰は強制できない。ただ同じ生きるのであれば、死のかなたを仰ぎ望みながら生きる生き方もあってよいのでは？　日々苦労しながら生きている私達の前途に輝かしい日が待っていることを覚えて歩むことが出来れば幸いというものでは。

62 各自収入に応じて

コリントの信徒への手紙一16章2節

パウロはエルサレム教会の貧しい信徒達を支援するために行く先々の教会で募金を呼びかけることをした。彼の本務はキリストの福音の伝道だったけれど合わせて「愛のわざ」に怠りはなかった。

エルサレム教会には経済的困窮のうちにある人々が少なくなかった。その中心になる人達はイエスと共に北のガリラヤから殆ど無一物で来た。また新しくキリスト教に入った人達の中にはその信仰の故に職場をクビになる者も結構いた。

こうした人々を覚えての募金活動だがそこにはいくつかの要因が考えられる。

①エルサレム教会からの求めがあった。その中心人物のヤコブ等から「貧しい人たちのことを忘れないように」と言われている（ガラテヤの信徒への手紙2章10節）。

②エルサレム教会から恩を受けたとの思い。「異邦人はその人たち（エルサレム教会）の霊的なもの（キリストの福音）にあずかったのですから、肉のもの（物質、お金）で彼らを助ける義務があります」（ローマの信徒への手紙15章27節）。

③幼い時から聞いて育った律法の教え。「この国に住む同胞のうち、生活に苦しむ貧しい者に手を大きく開きなさい」（申命記15章11節）。

④勿論イエスの言葉も。「受けるよりは与える方が幸いである」（使徒言行録20章35節）。

次はパウロの募金のやり方。「週の初めの日（日曜）にはいつも、各自収入に応じて、幾らかずつでも手もとに取って置きなさい」。日曜日毎に行われる礼拝の際に各自募金用のお金を持参。それをためておいてパウロが来た時に託するという方法をとった。

そして収入に応じてということで一律いくら、というのではない。募金は金持ちだけがするのではなく貧乏人も出来る範囲でする。10分の1を一応の目標とするならそれで行く。

今日、日本にあって貧しい人々の生活は憲法25条によって保障されている。感謝なこと。その経費は「各自収入に応じて」の税金による。

「各自収入に応じて」ということでは教会の献金もそう。それによって牧師への謝儀を含めて教会の維持発展がはかられている。献金は神の恵みを覚えて感謝して捧げられるもの。

今日でも「募金」の余地はある。世の中の自発的な良い働きのためには出来るだけこれに応じたいもの。

63 雄々しく強く生きなさい。何事も愛をもって行いなさい

コリントの信徒への手紙一16章13〜14節

前の「口語訳聖書」は「雄々しく」を「男らしく」と訳していた。「雄々しく」も男性の理想的な姿を言っているように思われるけれど、それでも「男らしく」としなかったのには工夫が感じられるというもの。「男らしく」と言ってしまうと世の男だけが考えられてしまう。

パウロはこの手紙をコリント教会の男達だけを対象として書いた訳ではないだろう。そこには女性も少なくない。パウロとしては男も女も雄々しく強く生きて行ってほしい、難題、課題に立ち向かってほしいと願っていたに違いない。

かつて神はヨシュアにこう言っていた。「わたしはモーセと共にいたように、あなたと共にいる。あなたを見放すことも、見捨てることもない。強く、雄々しくあれ」(ヨシュア記1章5〜6節)。ヨシュアはモーセの後継者となった人。

先日テレビで『十戒』をやっていたので見た。もう何回見たことだろう。見る度に感動を覚える。その最後のシーンはモーセがそれまで着ていた衣を脱いで、ひざまずいているヨシュアに着せるところ。印象深いバトンタッチ。これからはヨシュアがこの民を引き連れて行くこと

になる。彼はどんなにか身の引き締まる思いであったか。

そんなヨシュアは神の言葉に頼る他なかったろう。「強く、雄々しくあれ」。「わたしはモーセと共にいたようにあなたと共にいる」から。彼はこの言葉を信じて立ち上り、重い責任を引き受け、ヨルダン川を渡って行くことになる。

今パウロが「雄々しく強く生きなさい」と言う場合も何の前提もなしに、ただ言っているというのではないだろう。次のイエスの言葉が覚えられていたのでは。「あなたがたには世で苦難がある。しかし、勇気を出しなさい。わたしは既に世に勝っている」（ヨハネによる福音書16章33節）。「わたしは世の終わりまで、いつもあなたがたと共にいる」（マタイによる福音書28章20節）。

このイエスは私パウロと共にいてくれたので絶望的場面に幾度遭遇しても最終的にへこたれずに強く生きられた。私の力ではなくイエスのお陰。みんなもそうあってほしい。イエスは死んだけれど復活して今も生きて共にいてくれる。だから恐れることはない。次々とふりかかって来る難題、課題になお前向きに取り組んで行ってほしい。

64 わたしたちの主イエス・キリストの父である神、慈愛に満ちた父、慰めを豊かにくださる神がほめたたえられますように

コリントの信徒への手紙二1章3節

これから見て行く「コリントの信徒への手紙二」はパウロが紀元1世紀の半ばにギリシアのマケドニアからコリントの信徒に宛てた手紙。この始めのところに上記の文章が見られる。神について三つの言い方がなされている。

①「わたしたちの主イエス・キリストの父である神」。神を「主イエス・キリストの父」と述べる。この表現はイエスにさかのぼる。イエスはかねて神を「アッバ」と呼んでいた（マルコによる福音書14章36節）。アッバはイエスが普段話していたアラム語で訳せば、父、お父さん、という事。神は私の父なんだ、私はその子なのだ、という自覚のもとにイエスは生きていた。

そしてイエスはこの父は、またあなたがたの父だよ、だからそう呼んだらいいよ、と教えた。イエスはこう祈れ、と言って「主の祈り」を示してくれたがその最初は「天におられるわたしたちの父よ」（マタイによる福音書6章9節）だった。

今パウロは私達の信じる神はまず何よりも「イエス・キリストの父である」ことをここに明

らかにしている。ただ神、と言うとどの神かわからないけれど、イエス・キリストの父である神と言えば、はっきりするというもの。

②「慈愛に満ちた父」。この言い方もイエスにさかのぼると言ってよいかも。イエスは教えた。「父（神）は悪人にも善人にも太陽を昇らせ、正しい者にも正しくない者にも雨を降らせてくださる」（マタイによる福音書5章45節）。実に慈愛に満ちた、広い大きな愛をもったお方だ、と。あるいは「放蕩息子のたとえ話」をして、放蕩息子をあたたかく迎え入れる、実に赦しに富んだ、この父親こそあなたがたの天の父（神）だよ、と教えた（ルカによる福音書15章11節以下）。だから私達は安心して父なる神のふところにとびこんで行けばいい。

③「慰めを豊かにくださる神」。これに続けてパウロはこう書く。「神は、あらゆる苦難に際してわたしたちを慰めてくださる」。パウロは沢山の苦難をなめた。その具体的事例がこのコリントの信徒への手紙二には多く記載されている。そんな彼を慰め励ましたのが神また聖霊（復活して共にいますキリスト）であり教会の仲間だった。私達もこの世にある限り大小様々な苦難にあう。そんなとき慰め励ましてくれる者が一人でも二人でもいれば幸いというもの。

65　神は、わたしたちをいつもキリストの勝利の行進に連ならせ、わたしたちを通じて至るところに、キリストを知るという知識の香りを漂わせてくださいます

コリントの信徒への手紙二2章14節

この言葉の背景には古代ローマの「勝利の行進」があるみたい。将軍が遠征して勝利を収めるとローマの都では凱旋パレードが繰り広げられる。馬に乗った将軍、兵士達、捕虜を含む分捕物、香をたく人々……。これを市民らは歓乎の声をもって迎えた。

オリンピックで金メダルをとったということで羽生結弦選手を迎えた仙台市民の歓乎ぶりも大変なもの。羽生選手は車に乗ってにこやかに手を振っていた。これも凱旋パレードに違いない。これは戦争とは異なる平和の行進。こんな行進ならいい。

ところで今パウロは「キリストの勝利の行進」と言う。一体キリストはどんな勝利を収めたのだろう。それはこれまで長いこと人類を縛って来た罪と死に対する勝利と言ってよいのでは。罪とは神への不従順。結果、世界に罪悪が満ちるようになった。また結果、人類に死が入りこみ人は永遠に生きない者になった。

この罪と死に対してキリストは十字架にかかり復活することによって解決をもたらした。十字架によって人類の罪を全て担って神による厳しい処罰を受け、罪の赦しをもたらしてくれた。神との交流が回復され、人は神と人を愛して生きることを始めた。

またキリストの復活は死の壁に突破口を開いてくれるものとなり人類に永遠に生きる道が準備された。今や人は神とキリストの力によって死を境として永遠の命に、新しい命に復活する者となった。死はもはや全ての終わりではなく永遠の国・天国への入口となっている。

このような勝利を収めたキリストが今、先頭を進んで行く。ペトロ、パウロといった弟子達が続く。アウグスチヌス、ルター、カルヴァン、ウェスレーといった人々、ヘボン、ブラウン、植村正久、賀川豊彦その他多くの信仰の先輩達が続く。それは2千年に及ぶ行列、行進と言ってよいもので、その数はとても数え切れるものではない。

そしてその最後尾に今日に生きる私達が連なっている。この道中、私達を通して香りを周囲に漂わせることが出来れば幸い。それはキリストを少しでも知ってもらうというもの。キリストによる勝利を、その愛を知らせることが出来ればそれが香りというもの。そんな香りを周りの人達に放つことが出来ればなぁ。

66　わたしたちの推薦状は、あなたがた自身です

コリントの信徒への手紙二3章2節

私達の間では時に、この人は適任な方です、と言って推薦状を書くことがある。逆に自分のことを適任者と認めて推薦状を出してもらうことがある。先方はその推薦状を見てその人の判断材料とする。

この点は大昔も変わらない。パウロはローマ教会の信徒宛にフェベを紹介、推薦している。「彼女は多くの人々の援助者、特にわたしの援助者です」と手紙に書き、歓迎してくれるように頼んでいる（ローマの信徒への手紙16章1〜2節）。このようにパウロ先生から言われれば彼女を快く受け入れるというもの。

ところで今、パウロはコリント教会の面々に対して、わたしに関する推薦状は必要ないよ、などと言う。「ある人々のように、あなたがたへの推薦状、あるいはあなたがたからの推薦状が、わたしたちに必要なのでしょうか」と記す。「ある人々」はエルサレムの本部教会から推薦状をもらって、そしてコリントに来た。いわば御墨付き。それにはこの者は確かな人ですよ、と書かれている。これを見てコリントの人々は安心する次第。

これがまず普通の流れ。初対面の人を信用するか、しないか、そこには推薦状の有無が大きく影響する。しかしパウロは推薦状を持たないでコリントに来た。そして伝道を始めた。本部からの御墨付きで権威づけることをしなかった。ただひたすらにキリストの福音を説いた。

結果次々とキリストを信じる者が出て来た。「十字架につけられたキリスト・イエス」を救い主と受け入れる者が起こされて来る。キリストの代理的死がわかって洗礼を受ける者が続出。ここにコリント教会が誕生。クリスチャンになった彼らは、それまでの偶像の神々から離れ、古い因習から解放され、キリスト信仰と希望と愛をもって生きる者に変えられた。

パウロはこうした彼らを見て、「わたしたちの推薦状は、あなたがた自身です」と書いた。あなたがたの存在、生き様、それが私が何者であるかを人々に推薦している、証明していることになるよ、と言った。私がキリストから派遣された確かな人間であることはあなたがたを見ればわかるよ、とした。

そして今生きる私達がキリスト信仰と希望と愛をもって歩んでいるなら、私達もパウロを人々に推薦する者、更にはキリストを推薦する者となる。いよいよキリストの助けを得て信仰と希望と愛に生きる者とさせて頂こう。

67 わたしたちは皆、顔の覆《おお》いを除かれて、鏡のように主の栄光を映し出しながら、栄光から栄光へと、主と同じ姿に造りかえられていきます。これは主の霊の働きによることです

コリントの信徒への手紙二3章18節

ここでパウロは大変なことを言っている。私達は主（キリスト）と同じ姿に造りかえられる、と。そんなことあるのか。主はどんな姿だったか。

①それは父なる神に完全に従い切った者の姿ではなかったか。「死に至るまで、それも十字架の死に至るまで従順でした」（フィリピの信徒への手紙2章8節）。明日は十字架につく前の晩、「この杯（十字架）をわたしから取りのけてください」と切に願ったけれど最後のところは「しかし、わたしが願うことではなく、御心に適うことが行われますように」と言った（マルコによる福音書14章36節）。

②それから主の姿ということでもう一つあげるとすれば、愛に満ちた姿というものではないだろうか。どのように愛に満ちていたのか。これは4つの福音書に記録されていて枚挙にいとまがないというもの。今あえて一つだけあげるとすれば、「父よ、彼らをお赦しください。

自分が何をしているのか知らないのです」という目下イエスを十字架につけた者達の赦しを願っている姿（ルカによる福音書23章34節）。

以上二つをあげてみた。もっといろいろあげることが出来るけどこの二つで充分じゃない？神に完全に従い通した、人を完全に愛し通した。これが主キリストの姿というもの。それはいとして問題はこの主と同じ姿に私達が造りかえられるという事。こんな事ってあり得る？とてもじゃないけどあり得ないことでは？　私達はいつも神の意志に従っている訳ではない。人様に対しても時に憎んだり、意地悪をする。

こんな私達が主と同じ姿になるなんて絶望的。しかしパウロはここで「これは主の霊の働きによる」と言う。主キリストの霊、つまり聖霊の働きによる、と。自分の力、努力によるのではなくて、聖霊がわが内に宿って人間改造に当たってくれる、と。少しでも主と同じ姿に似たものとなるように「のみ」をふるってくれる、と。

もしそうであるならそれは有難い。「私の命の続く限りこの再形成の歩みが続けられて行く。完成されるのは、かの時」（J・カルヴァン）。かの時、天に召されて主と面会する時に私達は完成を見る、主と同じ姿に成る。完全な信仰と愛に満ちた者となる。この輝かしいゴールを目指し祈り深く歩んで行ければ。

68 わたしたちは、このような宝を土の器に納めています。……わたしたちは、四方から苦しめられても行き詰まらず、途方に暮れても失望せず……

コリントの信徒への手紙二4章7〜8節

「土の器」とは何？　縄文式土器と言ったりする。大昔に先祖は結構立派な土器を作っていた。ただここでパウロの言う土の器は実は人間を指している。創世記2章に「主なる神は、土（アダマ）の塵で人（アダム）を形づくり……」（7節）とある通り。

人間を土の器と言うのは人間がいかにこわれやすいものか、という事を指すのだろう。確かに私達は鉄人ではないので肉体も精神ももろさを持っている。時に肉体は病む、骨折もする。精神も人間関係の中で傷ついたり、挫折を味わったりする。やがて人間は死を迎え、それこそ土と化して行く。

こうした土の器である私の中に「宝」を納めているとパウロは言う。この宝とはすぐ前の4節にある「キリストの栄光に関する福音」のよう。福音とはキリストが我ら罪人《つみびと》のために、罪の赦しのために十字架にかかり犠牲となってくれたこと。そしてその後3日目に復活して今も生きて共にいてくれること。これを言う。煎《せん》じ詰めれば「私の心の内に宿っているキリスト」、これが宝、何にも替え難いお宝ということに。

そんな宝を内に納めるパウロなので「四方から苦しめられても行き詰まらず」と言えたことになる。四方八方と言ったりする。四方は東西南北、八方となると更に細かく、あらゆる方面からということ。

パウロはこのあとの11章でそれこそ「八難」について述べている。「川の難、盗賊の難、同胞からの難、異邦人からの難、町での難、荒れ野での難、海上の難、偽の兄弟たちからの難」（26節）。いろんな困難にぶつかったことがうかがわれる。しかし彼はどんな目にあっても遂に行き詰まることはなかった。内なるキリストによってなお困難を乗り越えて行くことが出来た。

次の「途方に暮れても失望せず」についてこれを座右の銘にした人に清水安三牧師がいる。清水は東京町田に桜美林学園を創設し教育に当たった。広い土地を得る、建物を建てる、教職員、学生を集める、そこには大変な苦労のあったことが、それこそ途方に暮れるようなこともあったろう。しかし「せんかたつくれども望みを失わず」（文語訳）の思いで事業を進めた。彼の内にもキリストが宿っていただろう。キリストは今日も私達の内に宿ってくださる。聖書を読むこと、祈ることを通して。

69 たとえわたしたちの「外なる人」は衰えていくとしても、わたしたちの「内なる人」は日々新たにされていきます

コリントの信徒への手紙二4章16節

「外なる人」とは私達の肉体の方面のことを言っているのだろう。確かに肉体は次第に衰えていく。幼少期、青年期はまだまだピンピンとして若々しい。これが壮年期を迎え、やがて老年期となると肉体の衰えは大きくなって来る。

こうした流れの中にあって少しでも老化を遅らせようと人は様々な努力を傾けて来ている。ウォーキング、スクワット、ラジオ体操、どれも大変に結構、お金がかからない。私も心がけているところ。

とに角、いつまでも若さを保っていたい、元気でいたい、これは万民の願い。しかしいついつまでも、という訳には行かない。人間は鉄人ではないのでやがては弱って来る。筋肉の衰え、内臓の諸器官に故障が起きる。アタマもよく回らなくなって来る。

パウロはこうした「外なる人」(肉体)は衰えていくとしても「内なる人」は日々新たにされていく等と言う。これは一体何のこと？　それは私達の内面性、精神とか心とか魂といったも

のを指すのだろう。この方面は肉体の衰えと比例して衰えて行く訳ではないよ、と。

そう言えばいくつになっても働いていたり、ボランティアをしていたり、趣味を持っている人は精神的な若さを保っているように思われる。いつも前方に目標があってこれを追い求めている人は、生きるに張り合いがあっていいみたい。

マッカーサー元帥の執務室には次のような言葉が掲げられていたと言う。「年を重ねただけで人は老いない。理想を失う時にはじめて老いが来る」。これはサミュエル・ウルマン作の「青年」という詩のよう。なかなかいい言葉。私達も常に高い目標をもって生きられればなぁ、と思う。

パウロは目標を胸に歩んだ人。それはどんな目標？　①キリストの福音を全ての人に伝えたい。②天国を目指して歩む。③キリストと似た者になりたい。キリストは父なる神に従い通した、また人間を愛し、自分の命を十字架につける程に愛を貫いた。そんなキリストに少しでも似ることが出来れば。

こんなパウロだったから「内なる人」、精神は「日々新たに」されていったのだろう。老いることはなかったのだろう。私達もいつもなんらかの目標を持ってコツコツと励んでいたいもの。それが内なる人を若くしてくれる。

70　わたしたちの地上の住みかである幕屋が滅びても、神によって建物が備えられていることを、わたしたちは知っています。人の手で造られたものではない天にある永遠の住みかです

コリントの信徒への手紙二5章1節

幕屋ってテントのこと。古代イスラエル人はテント生活をしていた。今日でも遊牧の民ベドウィンはそうしている。パウロは当初はテント作りをして生計を立てながら伝道に当たっていた。パウロはやぎ、羊、らくだの毛をもってテントの布を織り、加工する技術を持っていた。

この幕屋、テントはやがて滅びる。いつまでも半永久的に長持ちするものではない。強い日照りにより弱って来る。強風に吹きとばされることも。移動式の簡易な住居なのでそんなに頑丈に造られてはいない。

テントが滅びたらどうなる。「神によって建物が備えられている」と言う。神による建物？これは何だ。「人の手で造られたものではない」。テントよりは建物、しっかりしていそう。ただ人の手による場合には時に杭が固い地盤に達しない手抜きの恐れがあったりする。この点、神による、というのだからそんな心配はない。しかしそんな建物があるのか。それは「天にあ

る永遠の住みかです」と。

永遠の住みか、これは普通には天国と考えられるけれど、ここでは一寸違った使い方がなされているよう。これを解明するには地上の住みか・幕屋、テントを解明せねば。このテントとは実は人間の体・肉体の方面のことを言っている。このあとの記述でパウロは繰り返し「体を住みかとしている」と言っているところからこれがわかる。確かに私達の体はいずれ滅びる。それは時間的・限定的。いつまでも地上にとどまることは無理。

これに対する天の永遠の住みか、これはここでは「霊の体」を指している。コリントの信徒への手紙一15章44節にその言葉がある。それは死後、復活して、もはや朽ちなくて、輝かしくて、力強い体を指している。まさにそれは永遠で、天使のように栄光に輝いている。生前の肉体に見られる弱さを持たない。これは復活したキリストの体というもの。私達もキリストと同じ形に変えられる（フィリピの信徒への手紙3章21節）。

霊の体、栄光の体、それは天国に生きるにふさわしい形式ということになる。私達のなつかしい人々は今そうした在り方で天国で楽しい、安らかな日々を送っている。私達もやがての日、そうなることを望みつつ、なおテント・肉体を大切にしながらなすべきことを、感謝の内に、朗らかになして行く。

71 その一人の方はすべての人のために死んでくださった。その目的は、生きている人たちが、もはや自分自身のために生きるのではなく、自分たちのために死んで復活してくださった方のために生きることなのです

コリントの信徒への手紙二5章15節

人は大体「自分自身のために生きる」。自分の自己実現のために生きる。自分の夢を追いかけ、これが成るように努める。少しでもよい学校に入れるように、よい仕事につけるように、よい収入が得られるように、よいポストにつけるように、よい伴侶にめぐり合えるように……。この方向で生きることは悪いことではない。むしろよいこと。

ところでここでパウロは水を差すようなことを言う。「もはや自分自身のために生きるのではなく」と。これは一体全体どういうこと？　面くらってしまう。自分のために生きないでどうする。何かこの他のために生きるということがあるのか。皆目見当がつかない。

この点パウロはもう一つの生き方をあげる。それは「自分たちのために死んで復活してくださった方のために生きる」というもの。これは一体誰のことを言っている？　キリスト・イエ

スを指している。

パウロにとってキリストは自分のために、また全ての人のために死んだ、ということがはっきりと受けとめられていた。それはあの十字架死は私の深い罪が赦されるための犠牲死であるとの認識。

普通にはこんなとらえ方はしない。イエスはローマ帝国に対する反逆罪で死刑にされたと了解している。パウロも当初はそんな考えだった。だから刑死したイエスを待ちに待ったメシア（救い主）だと言いふらしているクリスチャンの連中を黙認出来ず、激しい弾圧を加えた。

そんな前歴を持つパウロがすっかり変わってしまい、今はイエスの犠牲死を受け入れている。そしてこの上はこの方のために生きるんだ、と言うに至る。この信じ難い変化は復活して今も生きているキリストの導きという他はないのだろう。

キリストのために生きるとはどんな生き様になる？　それは「ひたすら主（イエス）に喜ばれる者でありたい」（コリントの信徒への手紙二5章9節）といった生き方になるのでは？　よい学校、よい仕事、よい収入……全てイエスに喜ばれるように選んで行く、用いて行くということ。またイエスの喜びは私達が少しでも隣人愛の実行者となること、イエスの愛を人々に紹介する者となること、イエスに礼拝賛美を捧げる者となること、にあるのでは？

72 悪評を浴びるときも、好評を博するときにもそうしているのです

コリントの信徒への手紙二6章8節

パウロが悪評を浴びることがあったのだろうか。悪評、悪い評判、それはあった。彼はこう記している。「わたしのことを、『手紙は重々しく力強いが、実際に会ってみると弱々しい人で、話もつまらない』と言う者たちがいる」（コリントの信徒への手紙二10章10節）。

「弱々しい人だ」、これは悪い評判だろう。これはパウロの外観を言ったものだろうか。筋骨隆々というのではない。やせてる感じ。背もそんなに高くない。髪の毛も薄い。何か病気を持っているみたい……。映画『パウロ――愛と赦しの物語』でパウロ役を演じた英国俳優はスキンヘッドでいかつい感じだったけれど。ホントのところはわからない。

「話もつまらない」、これも悪い評判。パウロがギリシアのアテネで説教した時、哲学者から「このおしゃべりは、何を言いたいのだろうか」と冷ややかな反応だった（使徒言行録17章18節）。要するに、つまらねぇなぁ、ということ。イエスの十字架とか復活の話は知的でなく幼稚に思われた。

牧師は日曜日、礼拝で説教するのが最重要の仕事だけれど、いつも聴衆の評価にさらされている。つまらないな、興味・関心がわいてこない、何を言おうとしているのかわからない、眠気を催す……。牧師としては深く反省。

一体にどんな仕事にも人の評価はつきもの。悪評を浴びたり好評を博したり。悪評の時には失望落胆するけれど、そこでどっこい、静かに反省してまた立ち上がることが大事ではないだろうか。一方、好評は嬉しいことだけどそれに有頂天になってもいけないだろう。

パウロが好評を博するということでは「手紙は重々しく力強い」といったことがあげられる。確かに彼の手紙は力強い。パウロは多くの手紙を書き残してくれたけれど、どの手紙を読んでみても力がこもっており、2千年後に生きる私達にも訴えかけて来るものがある。

このような評価はパウロにとり嬉しいものであったか。それは嬉しいことに違いない。しかし最も嬉しいことはキリストから評価されること、「善かつ忠なる僕《しもべ》よ」と言われること、そして「決められた道を走りとおし」た者として「義の栄冠」を受けることにあるのでは（テモテへの手紙二4章7～8節）。

私達も最終ゴールを目指しながら歩んで行こう。人の評価は気になるけれど、キリストから「君は努力したね」と言ってもらえれば幸いとしたいもの。キリストよ、なおも力を与え給え。

73　マケドニア州に着いたとき、わたしたちの身には全く安らぎがなく、ことごとに苦しんでいました。外には戦い、内には恐れがあったのです

コリントの信徒への手紙二7章5節

マケドニア州は今日のギリシアの北部に位置。そこにパウロが到着した時に「全く安らぎがな」かったと言う。その訳は「外には戦い、内には恐れがあった」から。一体にパウロは信仰のとても厚い人、意志強固な人。ちょっとやそっとではへこたれない。そんな彼がここでは大いに弱音をはいている。これはどうしたこと。こんなパウロ先生に失望する者もいるのでは。

しかしここがまたパウロのいいところであるのだろう。自分を飾らない。実に率直。自分の内面をさらけ出している。――私は今全く安心がないんだ、ことごとに苦しんでいるんだ、本当にどうしたらよいものか、途方にくれるよ――

こんなパウロに私達も見習っていいのでは。そんなに立派に見せることはない。強がることもない。ありのままでよいのでは。自分の弱さを隠さなくてもいいのでは。力を抜いてみたら。

パウロの、「外には戦い、内には恐れ」は何だったのか。①周囲からの迫害があった。無理解があった。強い拒否に出会った。時に肉体的に危険な目にも。②コリント教会の心配。そのある人々はパウロに対して、パウロは不正をしている、だまし取っている、キリストから派遣された使徒と言うが疑わしい等と批判していた。

こういうことでは安らぎがなくなるというもの。ところがこの彼に転機が訪れる。続けてこう記している。「しかし、気落ちした者を力づけてくださる神は、テトスの到着によってわたしたちを慰めてくださいました」（6節）。

パウロはかねて弟子のテトスをコリント教会に送っていて、先にパウロが教会に出した少々厳しい手紙の反応を知りたかった。果たしてテトスの報告は吉報だった。①彼らが悔い改めたこと。②彼らがパウロを慕っていること。これはまさに天にでも上るような思いだったろう。パウロはいたく「気落ちした者を力づけ、慰めてくださる神」を感じざるを得なかった。

私達は時に気落ちする。思うように行かず失望落胆する。この気持ちを信頼できる人に率直に打ち明けたらいい。飾らずに。そして信仰を持っている者は合わせて神とキリストに打ち明ける＝祈る。するとその都度「神、キリスト共にいます」との安心感を与えられ力と慰めを頂くことに。これは感謝なこと。

74 主は豊かであったのに、あなたがたのために貧しくなられた。それは、主の貧しさによって、あなたがたが豊かになるためだったのです

コリントの信徒への手紙二8章9節

A．「主（キリスト）は豊かであった」とはどういうこと？　それは主が天にあり、父なる神と共にいた頃、豊かであった、ということ。神と共に天地を所有し支配していた。光に包まれ、天使に仕えられ、全てに満ち足りていた。これ以上の豊かさはない。

B．「あなたがたのために貧しくなられた」とは？　この点、青山学院や関西学院のルーツとして覚えられている英国人ジョン・ウェスレー（1703〜91年）はこう述べている。それは主が「人と成ったことにおいて、彼の全生涯において、彼の死において」貧しくなった、と。

a．「人と成ったことにおいて」とは主が人間となってこの世に来たことを指している。天の座を離れ、全ての栄光を捨てて一個の貧しい人となる。この落差は目もくらむばかり。バンジージャンプの比ではない。

b．「彼の全生涯において」。これは彼が貧しい処女より生まれ、家畜小屋で産声をあげた

こと、額に汗して大工仕事をなし母や弟妹を支えたこと、公生涯に入っては住む家を持たず無一物のうちに伝道の日々を過ごしたことを言っている。

c.「彼の死において」貧しくなったとはどういうこと。それは彼が全ての者から見離されて十字架につけられたことを指すだろう。彼はそれまで彼に従って来た多くの民衆より見限られた。最も信頼すべき弟子達もクモの子を散らすように逃げて行った。そして最後神からも見離された。「わが神、わが神、なぜわたしをお見捨てになったのですか」（マルコによる福音書15章34節）と彼は叫んで息絶える。天涯孤独、これ以上の貧しさはないだろう。

C.「あなたがたが豊かになるためだった」とは何を言う？　私達がリッチに、金持ちになるため？　そうなる人もいるかも知れないけれどここではそれ以上の豊かさを言っているだろう。

イ．キリストの十字架の犠牲により私達の罪が赦されたこと。

ロ．罪が赦されたことにより神の子とされたこと。神の子であれば神の財産・天地を相続する者に。億万長者の比ではない。「すべてのものを所有しています」とパウロは言う（コリントの信徒への手紙二6章10節）。

ハ．もう一つあげれば「永遠の命」。この世の生涯を終えたら天国において永遠の命を享受する。これは真に豊かなことではないだろうか。

75　わたしたちは、主の前だけではなく、人の前でも公明正大にふるまうように心がけています

コリントの信徒への手紙二8章21節

パウロの本務はキリストの福音を宣べ伝えることだけれども合わせて募金活動にも結構力を注いでいた。私達の間でも、たとえばどこそこで災害があった、ということで募金が行われたりする。

パウロの場合はどんな募金だった？　それはエルサレム教会の貧しい人々を覚えてのものだった。諸教会はエルサレム教会を源流とする。いわば母なる教会。その教会が経済的に困窮に陥っている、なんとかしてあげねば、といった思い。

パウロの呼びかけに対して、パウロによって生まれたギリシアの諸教会等から次々と募金が寄せられて来た。さてそうするとここで問題が生じやすい。パウロは集めたお金を着服していないか。ごまかしてその一部たりとも自分の物にしていないか、といった疑惑を抱く人が出て来るということである。

一体に自分の勝手には出来ないお金・公金を扱う立場にある者には常にそうした目が注がれ

やすい。実際に公共団体や会社、学校等において公金に手を付けるといった不祥事が起こったりする。

パウロの場合はどうだった？　パウロは勿論そんなことはなかった。彼は常に「主の前」を意識していた。自分の行っていることは全てをお見通しの主キリストの面前で行っているとの思い。

キリストは「隠れたことを見ておられる父が、あなたに報いてくださる」と言った（マタイによる福音書6章4節）。ここでは父なる神があなたの、人目には隠れた施し・善行を見ているよ、ということ。これは逆に言えば悪行をも見ているよ、ということにもなる。

さてパウロは「主の前」と共に「人の前」を意識していた。そして「公明正大」であることを心がけた。ごまかし、不正を退け堂々とふるまった。パウロの反対勢力からはいろいろ言われたけれどそれに屈することはなかった。複数の募金担当者を立てることをしたりして極力疑いの目をかけられないように気を配った。

私達も人様のお金を扱う場合には余程注意しなければ。教会であれば牧師、会計担当者、あるいは世の様々の部署においてこれが求められる。「主の前」「神の前」を意識すること、そして己の欲望に打ち克つこと、このようにして誰からも後ろ指を指されないように公明正大でいたい。

76 惜しんでわずかしか種を蒔かない者は、刈り入れもわずかで、惜しまず豊かに蒔く人は、刈り入れも豊かなのです

コリントの信徒への手紙二9章6節

パウロは種蒔きの話をしている。麦の種でも何でもパラパラとわずかしか蒔かない。その結果は多くを期待できない。逆に豊かに蒔いた人の場合はどうなる。それは多くの収穫となるというもの。

これはわかりきった話。パウロの独創でも何でもない。すでに多くの人が熟知していた。これを彼はここでわざわざもって来て何を言いたい？　それはパウロの呼びかける募金活動に進んで協力して、出来るだけ沢山捧げてくださいね、と言うことだった。

エルサレム教会の貧しい人々を覚えての救援金の訴え、それは良いことだとしてもここで一寸わからないのは「刈り入れも豊か」という点。それは具体的にどんな事。この事についてジャン・カルヴァン（16世紀、スイスの宗教改革者）は言っている。「刈り入れとは、永遠の生命という霊的なむくいのことであるとともに、また、貧者に対してもの惜しみしない人々に神がさずけたもうこの世の祝福のことと も、両様に解釈されるべきである」（『新約聖書註解』田辺保訳）。

A．「永遠の生命という霊的なむくい」。これはわかるような気がする。イエスも飢え、渇いている、といった困窮者のために食べさせたり水を飲ませてあげる人に対して「用意されている国を受け継ぎなさい」と述べている（マタイによる福音書25章34節）。国、これは天の国、永遠の生命と言ってよい。これは善行に対する最高のむくい。

B．「この世の祝福」、これがよくわからない。この世にいる間になんらかの良いむくいを受けるということなのだろうけど、そんなものってあるのか。一つ言えることは、人に良い行いをしておけばそれはやがてめぐりめぐって自分にも良いものが与えられるよ、ということ。まさに日本で昔から諺《ことわざ》にいうところ、「情は人の為ならず」。

人に良い行いをなす時にはその人からなんら報いを求めないことが望ましい。しかし神はこれをご覧になり永遠の生命をお与えくださる、更にこの世の祝福、物質的なものものもくださる。それが「刈り入れも豊か」ということに違いない。

なおこのパウロの言葉を教会における献金について当てはめる人がいるけれど見当外れとも言えない。キリストの大きな犠牲を感謝して１円でも多くのものを捧げる。その人にもAとBの豊かなむくいが待っている。

77 わたしのことを、「手紙は重々しく力強いが、実際に会ってみると弱々しい人で、話もつまらない」と言う者たちがいるからです

コリントの信徒への手紙二10章10節

パウロは多くの人々より尊敬され信頼されている人だったけれど、中には悪く見る人達も結構いた。そんな彼らの悪口がここにパウロにより紹介されている。

①「手紙は重々しく力強い」。これはパウロに好意的に見える。彼は沢山の手紙を書いた。これが2千年の時を貫いて私達のところにもたらされている。私達もこの手紙に接する時にやはり同じような感想を持つ。これ以上に重々しく力強い手紙は他にないのではないか、とさえ思われる。

ただパウロの敵対者にはウラがあるよう。「パウロの奴は手紙でもって言いたいことをズバズバ言っている」といった思い。それはこの10章1節で「あなたがたの間で面と向かっては弱腰だが、離れていると強硬な態度に出る、と思われている、このわたしパウロ」と述べているので。つまり彼らは「パウロは離れていると手紙で強い調子で書いてくる」と感じていた。

②「会ってみると弱々しい人」。私達が手にしている新約聖書には福音書など27の書があってこれを正典としている、この他に外典と呼ばれるものがある。今その一つ、紀元２００年頃に書かれた「パウロ行伝」からパウロの容貌について述べたところを引用。「小柄で頭がはげ、足はまがっていたが、しかし健康そうで、幾分しかめ面をし、鼻が高く、慈愛に満ちたパウロ」。「時には人間のようにも見えたが、ある時には天使のような顔をも持っていた」(青野太潮訳)。

この記述はどこまでホントかどうかわからないけれど、もし小柄で頭がはげ、と言うことであれば私なんかには該当し慰められる。少なくとも「はげ」は当たっているかも。今日まで髪の毛がふさふさのパウロの絵は見たことがない。

③「話もつまらない」。敵対者はパウロから、もっと高尚な話を、あるいは哲学的な話を、愉快で楽しい話を求めたか。しかしこれは外れで、つま〜んない、となった。それはそうだろう。その話、説教はいつもキリストの十字架と復活だった。悔い改めと愛に向かって生きよ、ということだった。これじゃおもしろくない、つまらない。しかしパウロはそれでよかったのだろう。

牧師は礼拝説教が最重要の仕事。つまらないと思っている人も少なくないのでは？　しかしパウロの線でつまらないと思われるのであれば本望だけれど。

78 わたしたちは限度を超えては誇らず、神が割り当ててくださった範囲内で誇る

コリントの信徒への手紙二10章13節

誇ることがすぐに悪いこととは思われない。何か一つくらい、自分に優れたところがあってこれを自慢できれば幸いなこと。勉強が出来る、走るのが早い、○○が出来る……これはよいこと。

あるいは自分自身のことではないのだけれど、誰々さんが金メダルをとったとか、ノーベル賞をもらった、というとこれは嬉しくわが国の誇りと感じる。

ただこれが信仰とか倫理の方面のこととなると話は違ってくる。自分は信仰が厚いとか祈りが熱心であるとか、自分は愛が深く正しい人間である、と言って誇る、自慢する。これはいかがなものか。他人からそう見られるのであればそれは素晴らしいことだけれど、自分からそれを言っちゃあおしまい、なのでは？　そのような者はイエスから「だれでも高ぶる者は低くされ、へりくだる者は高められる」と言われてしまう（ルカによる福音書18章14節）。

ところでパウロはどんなことを誇りにしたか。彼は冒頭の言葉に続けて記す。「つまり、あ

なたがたのところまで行ったということで誇るのです。（中略）実際、わたしたちはキリストの福音を携えてだれよりも先にあなたがたのもとを訪れたのです」。

パウロは紀元50年頃にギリシアにあるコリントの町に行った。この所はキリストの福音に対して前人未到の地だった。そこに「だれよりも先に」キリストを伝えた。その十字架と復活を宣べた。大きな反発が起こったが福音を受け入れる者も出て来て教会が形づくられるに至る。彼はこれを誇った。

一体に「だれよりも先に」ということは誇らしいこと。山中伸弥教授は世界の誰よりも先にｉＰＳ細胞なるものをつくり出した。これから大いに再生医療に活用されると言う。人間の幸福のために働くフロントランナー、先駆者には感謝したい。私達も何か小さなことでも開拓的なことが出来れば幸い。今パウロの線で言えばどなたかに福音を伝えることがあるのでは。この地方、日本の至る所、まだまだキリストに対して処女地が広がっている。

パウロは「限度を超えては誇らず」と言っている。誇ってもいいけどそこには限度があるよ、と。このあとの方で「誇る者は主を誇れ」と記している。天地の創造者である主なる神、また人類の救済者である主キリストをこそ一番に誇れ、その限りにおいて様々なことを誇っていいよ、ということ。何よりも神の愛、キリストの恵みを誇りつつ歩んで行こう。

79　わたしはあなたがたを純潔な処女として一人の夫と婚約させた、つまりキリストに献げた

コリントの信徒への手紙二11章2節

今は恋愛結婚が多く仲人による見合結婚は少ないかも知れない。第三者を介さずに、会社で知り合った、あるいは学校とかで、ということで意気投合、結婚に至る、結構なこと。この上は末永く仲良く歩んでほしいもの。お見合も悪いとは言えない。仲人の持って来た相手の経歴、写真を見て会ってみる、しばらく交際をしてみる、そして結婚するかどうかを決める、これもよろしいのでは。

さて今パウロはあなたがた・コリントの人達とキリストを婚約させた、と述べている。パウロは仲人の働きをしている。彼はコリントの町をはじめて訪れ、人々にキリストを紹介してまわった。大いにキリストを売りこむことに。「皆さん、是非キリストのことを知ってください。そしてこの人をあなたの夫として迎えてください。彼と結婚し、彼を生涯のパートナーとしてください。それだけの価値のある方です。それというのも彼はあなたのために命を捨てる程にあなたを愛した唯一人の方なんです。そのお陰であなたの罪は赦された。そして今キリストは

復活して生きているんです。この方に結ばれて現世と来世にわたって共に歩んで行ってください。世にこれ以上の伴侶はいませんよ〜」。

パウロの説くところをコリントの人達は半信半疑で聞いた。何を言っているのか、さっぱりわからない、という人々が大多数の中、それでも信じ受け入れる人がポツポツと出て来て洗礼に至る者が起こされた。この洗礼はまさにキリストとの結婚式と称してよいもの、それは単に教会入門式にとどまらず、キリストと一つに結び合わせられるという神秘をたたえている。

この上はキリストに身を献げて生きて行く、この一人の夫にどこどこまでもつき従って行く、浮気心を起こさないで。この固い決心はまずキリストが私のために献身してくれたことに基づくこと。十字架にかかって私の罪の犠牲となってくれたことによる。

このキリストの愛を信じてどこどこまでもこの夫と歩み、喜びの生涯を歩んでほしい、これが仲人パウロの切なる祈り、願いだった。この点パウロにとり現実問題、心配になる人々がいて、「キリストに対する真心と純潔とからそれてしまうのではないかと心配しています」と述べている。この心配は今日の私達にも向けられているかも。私達、浮気心を起こさないでいつまでもキリストの愛の内にとどまることが出来れば幸い、誠に幸い。

80 ユダヤ人から四十に一つ足りない鞭を受けたことが五度

コリントの信徒への手紙二11章24節

パウロはここでこれまでに受けた様々の苦難をリストアップしている。その最初にあげたのが冒頭の言葉。これ一つだけでも大変なこと。まさに「死ぬような目に遭《あ》った」。「四十に一つ足りない」ということは39回になる。これは旧約聖書に載っている律法の定めによること（申命記25章3節）。39回も背中めがけてビシッビシッと鞭打たれる。それはあまりに苛酷な仕打ち。これをパウロは歯をくいしばって必死に耐える。このような場面が一度ならず五度もあったと言う。よくも死なずに忍び通したもの。

この冒頭の言葉に続けて次のように述べる。少々長いけれどご容赦を。「鞭で打たれたことが三度、石を投げつけられたことが一度、難船したことが三度。一昼夜海上に漂ったこともありました。しばしば旅をし、川の難、盗賊の難、同胞からの難、異邦人からの難、町での難、荒れ野での難、海上の難、偽の兄弟たちからの難に遭い、苦労し、骨折って、しばしば眠らずに過ごし、飢え渇き、しばしば食べずにおり、寒さに凍え、裸でいたこともありました」。

パウロは鞭打ちを始めとする様々の苦しみに遂にギブアップすることはなかったが、彼の耐える力の源泉は何であったのだろう。

①この苦しみはキリストの福音を宣べ伝える途上で身に受けた迫害であるので、これをむしろ光栄とし勲章のように思っていたのかも知れない。

②次のイエスの言葉はパウロを励ましたことだろう。「わたしのためにののしられ、迫害され、身に覚えのないことであらゆる悪口を浴びせられるとき、あなたがたは幸いである。喜びなさい。大いに喜びなさい。天には大きな報いがある」（マタイによる福音書5章11〜12節）。天の大きな報いとはいずれ天国に迎え入れられ「義の栄冠」を頂くことか（テモテへの手紙二4章8節）。

③それから何と言っても「主（イエス）共にいます」の確信だろう。私の罪が赦されるために十字架について犠牲となってくださったイエス、そして今復活して聖霊なる姿をもって共にいてくれるイエス。イエスが共に私の苦しみ、痛み、悲しみを担っていてくれる。だからパウロは忍び通すことが出来たのだろう。

今日に生きる私達もパウロ程ではないけれど様々な困難、苦労を抱えている。そんな私達が上記の①②③等を覚えることが出来れば幸い。こうしてパウロのあとに続ければ。

81　その人は十四年前、第三の天にまで引き上げられたのです

コリントの信徒への手紙二12章2節

ここで「その人」というのはパウロ自身を指している。パウロは14年前に特異な体験をしたみたい。コリントの信徒への手紙二が書かれたのは紀元56〜57年頃なのでこの体験は42〜43年の事となる。彼はこれまでこの事を誰にも言わず心に秘めていた。これを今明かす気になったのは彼の敵対者がその類いのことを自慢げに話していたので、それでは自分もと「誇っても無益」とわきまえつつ、彼らのレベルにまで下げて語ることをした。しかしこれは私達にとって興味深い話。

当時ユダヤの人々は天界をこんな風に考えていた。第一の天は雲の浮かんでる所、第二の天はその上で日、月、星の輝いている所、第三の天は更にその上で神のいます所と。第三の天が最も高い天ということに。この天についてあとの方で「彼は楽園にまで引き上げられ」と記しているので最高天は楽園とも言われる。楽園は元の言葉ではパラダイス。それは天国とも神の国ともよばれる。

通常天国は死んでから行く所。ところが今パウロはその所に生きながらにして引き上げられ

たと言う。どうやって。それは「体のままか、体を離れてかは知りません。神がご存じです」と述べている。肉体をもって、というのは一寸考えにくい。預言者エリヤの例はあるけれど(列王記下2章11節)。霊魂だけが飛んで行ったというならわかる気もするが、どちらにしてもホントのところはわからない。まさに神だけがご存じ。

パウロは「あの啓示された事があまりにもすばらしい」と続けて記す。それはそうかも知れない。第三の天にまで引き上げられ、楽園を、天国の様子をかいま見ることが出来たのだから。ただその有様については詳しい報告はない――「言い表しえない言葉を耳にした」以外は。これ以上の事は心に深く秘めておきたかったのだろう。

これ以上は私達が勝手に想像しなければいけないのか。そんなことはない。天上のキリストがその僕《しもべ》ヨハネに啓示したところが「ヨハネの黙示録」として記録されている。天国の中央に神とキリスト、その周りに多くの天使、また白い衣を身に着けた大群衆。この白衣の人々はもはや苦しみも悲しみもなく全き平安の内にありハレルヤコーラスを歌いかわしている――。私共も実は祈りの時に美しい天上の光景をかいま見ることが許されている。目をつむってみて。そこにキリストとなつかしい人達を見ない？（使徒言行録7章56節）

82　思い上がることのないようにと、わたしの身に一つのとげが与えられました

コリントの信徒への手紙二12章7節

パウロの肉体に突きささった一つのとげとは何だろう。それは彼を痛めつけてやまないものでこれからの解放を「わたしは三度主に願いました」。それは何度も何度もということ。しかし主キリストは聞き届けてくれなかったみたい。

パウロが具体的にこのとげを説明してくれないので本当のところはよくわからない。彼の残した手紙からこんな推測がなされている。目の病気、言語障害、てんかん、マラリア……。ガラテヤの信徒への手紙にはこんな記述が。「わたしの身には、あなたがたにとって試練ともなるようなことがあったのに、さげすんだり、忌み嫌ったりせず……」（4章14節）。ハタで見ていると、どうにも気の毒だなぁ、と思われる状態。

さてパウロの祈り願いに対して主の返答があった。「わたしの恵みはあなたに十分である。力は弱さの中でこそ十分に発揮されるのだ」。これって何を言ったもの。難しいことを言わないですぐに癒してくれればいいのに。でもパウロはこれで納得したみたい。こう言っている。

「だから、キリストの力がわたしの内に宿るように、むしろ大いに喜んで自分の弱さを誇りましょう。（中略）わたしは弱いときにこそ強いからです」。

「わたしの恵みはあなたに十分である」とはキリストが十字架にかかってパウロの罪の身代りとして死んでくれたことをさすのだろう。そして罪の赦しと永遠の命をもたらしてくれたことを。これはまさに十分な恵みと言うべきでは？　これ以上大きな恵みがあるだろうか。

パウロは身にとげを持つことにより自分の弱さを思い知らされた。そしてキリストはその弱さを目がけて、チャンネルとして私の内に入りこみ宿ってくれることを実感した。これからはキリストの力を頼りにして生きて行けばいいんだ、自分には依り頼まずに。弱さをこそ誇る、キリストをこそ誇る、そんな地平に導かれた。

脳性麻痺の水野源三さんは『わが恵み汝に足れり』で歌っている。「もしも私が苦しまなかったら　神様の愛を知らなかった……」。誰も痛み、苦しみ、悲しみ、困難を望まない。しかしそこに必ず意味がある。そのことを通して神様、キリストの愛を知る、更に深く知るきっかけとなる。また思い上がらないことを学ぶ。他人の痛みがわかる人間になる。このように前向きに様々な困難を受けとめることが出来れば誠に幸い。

83　わたしが求めているのは、あなたがたの持ち物ではなく、あなたがた自身だからです

コリントの信徒への手紙二12章14節

パウロは目下コリントに「三度目の訪問」を準備中、しかし「あなたがたに負担はかけません」と言って上記の言葉を書き送る。経済的負担をかける、といったことについてとても神経を使っている。

それは他の教師達のように自分を同列に置いてほしくない、といった思いが働いていたのだろう。パウロがコリントを去った後に入りこんで来た教師達はコリント教会の人々から、持ち物を、金銭を求めたよう。教えに対してお礼を差し上げる、これはあってよいことだろうが、この教師達はこれをロコツに要求したのかも。

その点私は違うよ、とパウロ。私が求めているのは何よりも「あなたがた自身」だよ、と言う。なんとも大見栄を切った感じ。しかしこれは彼の真実な思いなんだろう。パウロが彼らに求めているものは持ち物、金銭といったちっぽけなものではなかった。もっと大きなもの、彼ら自身をそっくり頂く、というものだった。

それは何？　彼らの身も魂も全部ということ。それを頂く？　どうやって。パウロはこの前の11章でこう述べていた。「わたしはあなたがたを純潔な処女として一人の夫と婚約させた、つまりキリストに献げた」(2節)。彼らをキリストと結ばせる、キリストに献げる、これがパウロの熱心に求めているところだった。

バプテスマ、洗礼はキリストとの婚姻の儀式。これを新生活のスタートとしてキリストを最良のパートナーとして歩んで行く。この方に身も魂も、全てを委ねて、全てを献げて進んで行く。「わたしが、身も魂も、生きている時も、死ぬ時も、わたしのものではなく、わたしの真実なる救い主イエス・キリストのものであること」をわたしの「ただ一つの慰め」と覚えて歩む（「ハイデルベルク信仰問答」１５６３年、竹森満佐一訳）。

キリストへの献身、それはまずキリストが私達のために献身してくれた事に基づくこと、つまり十字架の上に身を捨てる程に私達を深く愛し、罪の赦しをもたらしてくれた事。この十字架の愛に促されて私達は喜んで感謝して私の全部をキリストに献げて行く。そしてこの方と共に歩みこの方のために生きて行く。パウロが求めていたのはこうした事。一人一人が丸ごとキリストに帰属する事。

84　信仰を持って生きているかどうか自分を反省し、自分を吟味しなさい

コリントの信徒への手紙二13章5節

ここでパウロの言う「信仰」とはどういうものか。これに続けて記しているところがヒントになりそう。「あなたがたは自分自身のことが分からないのですか。イエス・キリストがあなたがたの内におられることが。あなたがたが失格者なら別ですが……」。

キリスト教信仰とはイエス・キリストをわが救い主と信じること、その十字架と復活はわがためなりと信じ受け入れること、これに違いないけれど今日のところによれば、更にその信仰は「キリストがわが内におられる」ことを信じていることだ、ということになる。この信仰を持って生きていますか、この信仰がなければクリスチャン失格ですよ、となかなか手厳しいことをパウロは言う。

「キリストがわが内に」とはどういうこと？　あのかつて地上を歩んだキリストがわが内に入り込むなんて考えられない。これはこういうことなんだろう。キリストは十字架について死んだ。そして3日目に復活して天の父なる神のところに行った。キリストは今現在、神の右に

坐している。このキリストが同時に地上にいる信仰者に聖霊として臨んでいる。今や肉眼には見えないのだけれど信じる者の心の内に宿ってくれている……。こういうことなんだろう。それに違いない。

当のパウロはこの思いのうちに豊かに生きていた。他の手紙でこう書いている。「生きているのは、もはやわたしではありません。キリストがわたしの内に生きておられるのです」(ガラテヤの信徒への手紙2章20節)。復活したキリストが聖霊として私の内に生きている、と。「わたしは労苦しており、わたしの内に力強く働く、キリストの力によって闘っています」(コロサイの信徒への手紙1章29節)。内なるキリスト、その力によって闘っている、と。その他エフェソの信徒への手紙3章17節、テモテへの手紙二1章14節等を参照。

「主(キリスト)共にいます」。これがかねての私達の思い。そして更に「主わが内にいます」とも言ってよいことに。共にいます、わが内にいます、これがキリスト信仰のダイゴミ、といったところ。これを心の深いところで覚えること、悟ること。これがわかれば私達はどんな場合にも、なおへこたれずに歩んで行くことが出来るというもの。都度主が慰め力付けてくれるから。主共に、主わが内に、この思いを、信仰をいよいよ豊かに、深く持たせて頂こう。そのために日々み言葉(聖書)に親しみ祈りつつ歩もう。

85　主イエス・キリストの恵み、神の愛、聖霊の交わりが、あなたがた一同と共にあるように

コリントの信徒への手紙二13章13節

これはコリントの信徒への手紙二の末尾の言葉。これは「祝祷」の言葉として知られている。昔から多くの教会において礼拝の最後にこれが牧師によって唱えられる。そして人々は世の歩みへと派遣される。そのぐらい有難い言葉として覚えられている。

①まず「主イエス・キリストの恵み」。最初に主イエスが出て来るのはいかにもキリスト教的。何といっても主イエスがキリスト教信仰の中心であるし、「神」もイエスによって知ることが出来るのだから。

イエスがもたらしてくれる「恵み」（カリス）は何といっても十字架に現わされている。イエスが自らの命を十字架につけて私達罪ある者の犠牲となってくれた。そのお陰をもって私達は罪が赦され永遠の生命に与るものとなった。これ以上の恵みがあるだろうか。その後イエスは復活して今生ける者として私達と一緒に歩み力を与え助けを与える者となっている。これまた大いなる恵み。他にも隣人を愛せよ、とか様々なよい教えを残してくれた。

②「神の愛」。イエスの父である神の「愛」（アガペ）、これはどこに見られるか。それは天地創造のわざに明らか。天に輝く太陽、月、星々。地上の動植物８００万種。この中に人類も含まれる。私達は光や雨に与り動植物を摂取して生きることが許されている。

また神の愛はその独り子であるイエスをこの世に送ったことに極まっている。「神がわたしたちを愛して、わたしたちの罪を償ういけにえとして、御子をお遣わしになりました。ここに愛があります」（ヨハネの手紙一４章10節）。たった一人の子を人間を救おうとして十字架につける、これ以上の愛はないのでは。

③「聖霊の交わり」。これは聖霊との交わり（コイノニア）であり、また聖霊が与えてくれる交わりのこと。聖霊はイエスとの、神との、人との交わりをもたらせてくれる。イエスを主・救い主とわからせてくれる。神に向かって恐れなく「わが父よ」と呼ばさせてくれる。人への愛や寛容な思いを与えてくれる。誠に聖霊は有難い。聖霊は単に「力」ではなく、イエス、神と共に人（神）格を持つ。今天にいるイエスが同時に地上で聖霊として臨んでくれている。

イエス、神、聖霊の三者は唯一の神の三つの現れ。この三者が一体となって恵み、愛、交わりをもたらしてくれる。誠に感謝なこと。

86 人々からでもなく、人を通してでもなく、イエス・キリストと、キリストを死者の中から復活させた父である神とによって使徒とされたパウロ

ガラテヤの信徒への手紙1章1節

これから見る『ガラテヤの信徒への手紙』はパウロが紀元50年代の半ば頃、エフェソで書いたもの。現在のトルコの中にあるガラテヤ地方にパウロは50年頃に行って福音を宣べ伝え教会を建てた。

今ガラテヤを去ったパウロにもたらされた情報は大きな心配を抱かせるものだった。それはパウロが伝えた福音とは違った福音を伝える人々がやって来て信徒達の間に大変な混乱を引き起こしているということだった。またこの人々はパウロは本物の使徒ではない、というようなことも言っていた。こうしたことを聞いたパウロは黙っていられなかった。強い調子で自分の信じるところを述べた。真実な福音とは何かを明らかにした重要な書簡。後に宗教改革者として立つルターやカルヴァンはこれを愛読。

さて冒頭の言葉はなかなかふるっている。通常のパウロの手紙には見られない書きっぷり。

とに角自分は正真正銘の使徒なのだと強く訴えている。原文では「パウロス　アポストロス」（パウロ　使徒）が頭に来ている。この私はA「イエス・キリストと……神とによって使徒とされた」。Aの言いまわしは普通のこと。B「人々からでもなく、人を通してでもなく」。この言い方は一寸見られない。Bはエルサレム教会とかある有力者から自分は使徒とされたのではない、ということなのだろう。

「使徒」（「遣わされた者」の意）は①イエスから直接に任命された十二弟子であったり（マルコによる福音書3章14節）、②復活したイエスに出会っていて教会から任命された者であったりした（使徒言行録1章26節）。この点パウロはどうであったか。①ではない。パウロは生前のイエスは知らない。②にも該当しない。ただパウロは復活のイエスには出会っている。クリスチャン狩りをしていたパウロが１８０度の転回、回心に至ったのはダマスコ城外における復活のイエスからの語りかけだった（使徒言行録9章1節以下）。これをきっかけにパウロはイエスの使徒・伝道者とされる。

パウロのこの体験は認めてあげてよいものではないか。それはまさに「イエス・キリストと、キリストを死者の中から復活させた父である神とによって使徒とされた」、その尊い機会であった。今日もキリストと父なる神は生きて働き人々を信仰に導き、更に使徒・伝道者へと導いている。反対者に対しても。

87 キリストの恵みへ招いてくださった方から、あなたがたがこんなにも早く離れて、ほかの福音に乗り換えようとしていることに、わたしはあきれ果てています

ガラテヤの信徒への手紙1章6節

「キリストの恵み」とは何か。それはキリストが私の罪の赦されるために十字架について死んでくれたこと。この「恵みへ招いてくださった方」とはキリストであり、キリストを世に遣わしたキリストの父である神。神は人間がこのままでは滅びるばかりだと見て、愛する独り子のイエスを送り、身代りとして十字架につけた。イエスはこの父の心を心として十字架に上った。イエスは言っている。「人の子（私）は仕えられるためではなく仕えるために、また、多くの人の身代金として自分の命を献げるために来たのである（マルコによる福音書10章45節）。

これがパウロがガラテヤの人々に伝えた「福音」というもの。彼らは喜んでこれを受け入れた。ところがパウロがガラテヤを退去したところ、とんでもない知らせがもたらされた。それは彼らが「ほかの福音に乗り換えようとしている」ことだった。「こんなにも早く離れて」「わたしはあきれ果てています」。あいた口がふさがらない。アンビリーバブル。

「ほかの福音」とは何か。それは後から来たキリスト教伝道者が伝えたもので要するに「十字架につけられたキリストを信じる信仰だけでは足りないよ、律法も守らなければ救われないよ」というもの。律法とは旧約聖書に記されている沢山の戒め。中でも割礼《かつれい》を受けるように強調した。割礼はイスラエルにおいて男子の陰茎の包皮を切り取るものでこれは神の民とされる重要な儀式とされていた。彼ら伝道者はこの割礼をイスラエル人ではないガラテヤの人達に求め、そうしてはじめて新しい神の民＝教会に受け入れられるよ、とした。

これにはパウロは烈火の如く怒った。「あなたがたが受けたものに反する福音を告げ知らせる者がいれば、呪われるがよい」（9節）と言い放った。「呪われるがよい」（アナテマ）、神に見捨てられよ。こんな激しい言葉は本来使うべきではない。しかし今のパウロにはこれは口にせざるを得なかった。それは今生まれたばかりのキリスト教がユダヤ教に転落しかねないギリギリの闘いだった。純正のキリスト教は人が救われる、罪の赦しに与り永遠の命を受けるには十字架につけられたキリストを信じる信仰だけで充分とする。他のわざは必要なしとする。ここはパウロとしては一歩も譲れないところだった。

88 わたしはこの福音を人から受けたのでも教えられたのでもなく、イエス・キリストの啓示によって知らされたのです

ガラテヤの信徒への手紙1章12節

イエス・キリストについての良い知らせ、福音は普通人から人へと伝えられて行くもの。Aから B、Bから Cへとバトンタッチされて行くもの。この程私共の教会関係者が洗礼を受けて4代目のクリスチャンが誕生したけれど、これはまず曾祖父母が福音に接し↓祖父母↓両親↓本人に至ったもので誠に喜ばしい。

この流れにしかしパウロは逆らうようなことを言う。「わたしはこの福音を人から受けたのでも教えられたのでもなく」と。こんなことってあり得る？　福音がまさか天から降って来る訳ではあるまいし。

この疑問に対してパウロはこう答える。「イエス・キリストの啓示によって知らされたのです」。啓示、それはカバー、おおいが取り去られ示されること。神が真理なりを人に示すこと。今パウロはこの福音をキリストから直接受けたんだ、教えられたんだ、と主張していることになる。

この主張に根拠はある？　①パウロは生前のキリストに会ったことはない。②先輩のペトロ等に教えを乞うたこともない。それならどこにキリストとの接点があるのか。これについてはあのダマスコの事件を取り上げる他はないかも。

その時サウル（パウロの前の名前）はクリスチャン狩りのためダマスコに向かった。そして町に近づいた時、「突然、天からの光が彼の周りを照らした」。そして声が聞こえた、「サウル、サウル、なぜ、わたしを迫害するのか」。サウルが「主よ、あなたはどなたですか」と言うと「わたしは、あなたが迫害しているイエスである」との答えに接する（使徒言行録9章1節以下）。

これがキリストの啓示というもの。キリストの方から直接に、自分が復活して生きていることを示し、更には十字架は君の罪が赦されるためのものであることを示した。キリストの十字架と復活はわがためなり、これが福音。ここに至ってパウロは以降命をかけて福音を伝える者になる。

私達はパウロとは違って人を通して福音にふれる。しかしそれでも最後のところはキリストが自身を啓示し、声をかけてくれることによって信じる者になるのでは？　パウロのように鮮明でなくてもわが心の内にこれを覚えている。キリストは今日も聖霊として全ての人々に向け風のように訪れ働きかけている。

89　自分は無駄に走っているのではないか、あるいは走ったのではないかと意見を求めました

ガラテヤの信徒への手紙2章2節

必要に応じて他人に意見を求めることはいいこと。私は今日までこのようにやって来たが果たしてこれでいいのか。正しいのか。あるいは壁にぶちあたって一人で考えこまずに誰かに意見を求めてこれを参考にする。そんな誰かがいれば幸い。

今パウロは「自分が異邦人に宣べ伝えている福音について」、「人々に、とりわけ、おもだった人たちには個人的に話して」意見を求めることをした。このために彼は同僚のバルナバと愛弟子のテトスと共にエルサレムに上った。これは紀元の50年近くのことか。エルサレムには教会の中心柱のケファ（ペトロ）、イエスの実の弟ヤコブ等がいる。彼ら主要な人々にパウロはかねて自分が信じ宣伝している福音について述べ意見を求めた。

なんでこんな事をパウロは持ち出すに至ったのか。それは彼が地中海沿いのアンティオキアで活動していた時に、ユダヤから下って来たキリスト教伝道者達が「割礼を受けなければ、あなたがたは救われない」と教え始めたことによる（使徒言行録15章1節）。パウロはかねて人が救

われるのは割礼等の律法の行いによるのではない、キリストへの信仰だけで充分なのだ、と教えていた。これが彼の伝える福音だった。これを聞いてユダヤ人でない異邦人が続々と導かれて信仰に入りアンティオキアの教会を形成していた。

ところがそこにユダヤ主義的な伝道者がやって来て「割礼を受けなさい」と迫る。大きな混乱が生まれそれになびく人々も出て来た。このままでは教会は分裂してしまう。キリスト教信仰は空中分解に終わる。ここにパウロの非常な危機感があった。割礼を認めるならば今生まれたばかりのキリスト教は昔ながらのユダヤ教に戻ってしまう。せいぜいユダヤ教キリスト派にとどまってしまう。

果たしてエルサレム教会、ケファらの判断はどうだったか。それは割礼は不要とするものだった。テトスは異邦人クリスチャンだったが割礼を強制されることはなかった。このようにしてキリスト教はユダヤ教と明確に袂《たもと》を分かつことになる。そして民族宗教を越えて世界宗教に躍り出ることに。男性性器の包皮を切り取る割礼なる儀式を必要とするならキリスト教はとても世界に打って出ることは不可能だった。人が救われる、罪の赦しを得て永遠の命に与る、それは十字架につけられたキリストをわがためなり、と信じる信仰のみによる、ここにキリスト教は今も立っている。

90 ケファがアンティオキアに来たとき、非難すべきところがあったので、わたしは面と向かって反対しました

ガラテヤの信徒への手紙2章11節

普通私達の間では「面と向かって反対」することはあまりしない。相手の気分を害するので。更に相手が大物であれば尻込みしてしまう。見て見ぬふりをする。

しかしこの点パウロは違っていた。ケファに向かって堂々と反対した。ケファはペトロのこと。イエスの一番弟子。信仰の大先輩。エルサレム教会の重鎮。パウロはイエスの直弟子ではない。かつては教会を迫害していた者。そんな彼がここでデカイ態度に出た。一体何事が起こったのだろう。

それはケファがパウロの面前で手のひらを反《かえ》すような振舞を見せたからだった。アンティオキアは地中海沿いにありローマ帝国内で3番目に大きな町。そこにユダヤ人でない、異邦人の多く集まる教会が出来ていた。そこにケファがやって来て彼らと楽しく食事をとることがあった。異邦人と一緒に食事。これは以前のケファには全く考えられないこと。異邦人、外国人は汚れている。豚肉等、律法で禁じているものを食べている。こんな連中と接触すれば汚れが伝

染する。そう信じていた。

そんなケファが「どんな人をも清くない者とか、汚れている者とか言ってはならない」といった思いに導かれ大変化に至る（この詳細は使徒言行録10章に記されている）。このように変えられたケファであったので今は異邦人と交わり楽しく食事が出来た。豚肉もつついたかも。

ところがそこに、やはりエルサレム教会の重鎮で律法を重んじるヤコブのもとからある人々がやって来た。彼らは割礼を受けているユダヤ人クリスチャンでやはり律法を大事に考える人々。彼らの突然の出現に、なぜかケファは恐れてしり込みし、食事の席から身を引こうとしだした。これを見た他のユダヤ人クリスチャンや同僚のバルナバも引きずり込まれることに。

これは残念なことにケファが以前に戻ってしまったということ——「異邦人と交われば汚れる」。この時パウロは「彼らが福音の真理にのっとってまっすぐに歩いていないのを見た」。これは許せない。そこでパウロは面と向かって非難し反対した。ケファは依然として古い律法宗教を引きずっている。しかし今や大事なのは律法を守ることではなくキリスト信仰ではないか。もはや食物規定や割礼等は守る必要はない……。このパウロの一喝はケファを目覚めさせたに違いない。ここぞという場合には人間勇気をもって直言することが必要だろう。

91　人は律法の実行ではなく、ただイエス・キリストへの信仰によって義とされると知って、わたしたちもキリスト・イエスを信じました

ガラテヤの信徒への手紙2章16節

ユダヤの人々は何百年の間、人は律法の実行によって「義とされる」、神によって正しい者と認められ、神に受け入れられると信じて来た。それで一生懸命に律法の実行に励んだ。パウロもユダヤ人として、そして誰にも負けまいと熱心にこれに打ち込んだ。そんな彼が今は「律法の実行ではなく」などと言っている。これはユダヤの人々が聞けば卒倒してしまうような言葉かも。

なんでこんな衝撃的な事を口にするに至ったのだろう。それは彼の体験によることだった。律法の全部を守り切ることは難しい、これが結論だった。

律法ってそんなに難しいのか。律法は神の定めとして「旧約聖書」に沢山載っている。その代表は「十戒」。その第6戒には「殺してはならない」とあり日本の全ての人々、世界の人々において守ってほしいと強く思われる。またイエスによってこれは律法の中でも最も重要だよ、

と教えたものに「自分自身を愛するように隣人を愛しなさい」といったものがある。

パウロはこう正直に告白している。「わたしは自分の望む善は行わず、望まない悪を行っている」（ローマの信徒への手紙7章19節）。律法に沿って神の望む善を行おうと心がける。しかしいつもそううまくは行かない。望まない、神に喜ばれない悪を行ったりしている。律法の求めるところと自分の現実に距離があることを認めざるを得なかった。律法の実行によって義とされる道は閉ざされてしまう。

この時だった。彼の目の前にもう一本の道が示された。「ただイエス・キリストへの信仰によって義とされる」という道。ここに至ってパウロは従来とっぷりつかっていた律法宗教としてのユダヤ教に訣別を告げることが出来た。律法の実行による義ではなくキリスト信仰による義。それは十字架につけられたキリストは私の罪が赦されるための犠牲の死だったのだ、と信じるならば義とされる、罪を赦され正しい者と認められる、というものだった。以来「ただキリスト信仰」のプラカードを高くかざしてキリスト教は歩みを続けて来ている。その先頭にパウロが立っている。

私達は十戒や隣人愛の教えを大事に受けとめているけれどその行いによって義とされるとはせず、あくまでもキリスト信仰によって義とされた者として、その道しるべとしてそれらの実行を心がけて行くことに。

92 生きているのは、もはやわたしではありません。キリストがわたしの内に生きておられるのです

ガラテヤの信徒への手紙2章20節

これはパウロの信仰の極致と言ったらよいだろうか。私達もこんな具合に言えたらいいのだけれど、なかなかこれは難しい。スンナリとは行かない。

パウロはこの前にこう述べている。「わたしは、キリストと共に十字架につけられています」。「キリストと共に十字架に」ということはキリストと共に心中していること。そしてはじめて「生きているのは……」と言うことが出来るというもの。

ただ心中と言ってもキリストのように私の肉体も死んでしまうということではない。「古い自分がキリストと共に十字架につけられた」こと（ローマの信徒への手紙6章6節）。古い自分とは罪に支配され「罪の奴隷」となっている自分のこと。そんな私がキリストと共に十字架につけられ死んだ、罪から解放されたということ。このことが起こるのは洗礼を受けた時。「わたしたちは洗礼によってキリストと共に葬られ」ました、と（ローマの信徒への手紙6章4節）。

このようにして「生きているのは……」と言えるようになる。「キリストがわたしの内に」

とは罪の奴隷であった私から、今はキリストが私の「主」として生きているということになる。もはや古い自分が私を支配しているのではない。今やキリストがパウロの心のセンターにあって彼を治めている。

パウロはこの言葉に続けてこう記す。「わたしが今、肉において生きているのは、わたしを愛し、わたしのために身を献げられた神の子（キリスト）に対する信仰によるものです」。パウロは古い自分に死んだけれど依然として肉体をもってこの地上に生きている。この肉体は時に病み、この地上は困難が山積している。しかし彼は絶望しない。私に対するキリストの愛と献身を確信しているから、実にキリストは私が罪の奴隷状態から解放され、赦されるために十字架の上に犠牲となってくれたから。ここにパウロの生きる源泉があった。

私達はかつて洗礼を受けた。その時点で古い自分に死んでキリストが私の内に生き始めた、と言える。ただ古い自分はわが内にあって全く消滅し切っていない。だから日々の祈りは、キリストよ、わが内の隅々まで支配してほしい、ということに。とに角洗礼を境としてキリストがわが内に聖霊として宿ってくれている、このことを忘れてはならないだろう。そして私に対するキリストの愛と献身も忘れない。

93

キリストは、わたしたちのために呪いとなって、わたしたちを律法の呪いから贖《あがな》い出してくださいました。「木にかけられた者は皆呪われている」と書いてあるからです

ガラテヤの信徒への手紙3章13節

「木にかけられた者は皆呪われている」、これは旧約聖書にある申命記21章23節の言葉。そこには「ある人が死刑に当たる罪を犯して処刑され、あなたがその人を木にかける」と言われている。

パウロはこの言葉に基づいて十字架につけられたキリストを連想した。キリストは木に、十字架にかけられたではないか。それは彼が「死刑に当たる罪を犯して処刑」された、という事ではないか。その罪はローマ帝国側からすれば帝国に対する反逆罪、ユダヤ教側からすれば神に対する冒瀆《ぼうとく》罪。このようにして死刑判決が下され十字架刑に。それは神によって呪われた者の姿。神より見捨てられ排斥されたという事。

パウロはこうした確信に立って十字架につけられたキリストを見ていた。いい様《ざま》だ、自業自得だ、もっと苦しんだらいいい。

そんなパウロがその後この認識をガラリと変えた。キリストは死刑に当たる罪を犯したから処刑されたのではない。キリストには一点の罪もない。それなのに処刑されたのは私達の罪を一身に担って代って死についてくれたのだ。私達こそ神によって呪われるべき、死刑判決を受けるべき罪人《つみびと》なのにキリストが全てを代って受けてくれたのだ。そして罪の赦しをもたらしてくれた。

パウロは十字架に神の呪いを見た。厳しい裁き、排斥を見た。その事を最も深く、痛く味わったのはキリスト自身と言える。彼は十字架上で叫んだ。「わが神、わが神、なぜわたしをお見捨てになったのですか」。神はキリストの必死の叫びに耳を貸さず見捨てた、死に至らせた。それは全ての人間の罪科をキリストに負わせたという事。まさに「キリストは、わたしたちのために呪いとなって……くださいました」。

それは「律法の呪い」から贖い出す、救い出す、と言うことに。旧約聖書には沢山の律法、神の戒めが載っている。パウロは当初この全てを守って神の義、祝福を得ようと心血を注いだが結果は守り切れない自分を見出し絶望した。律法を守れない罪人である自分は神によって呪われ退けられると実感。そんな自分が律法の呪い、責め、呪縛から解放されたのはキリストのお陰によることとだった。キリストは自分に代って呪いを引き受けてくれた。そして、今や罪を赦されて生きる者と変えられた。

94 そこではもはや、ユダヤ人もギリシア人もなく、奴隷も自由な身分の者もなく、男も女もありません。あなたがたは皆、キリスト・イエスにおいて一つだからです

ガラテヤの信徒への手紙3章28節

「そこではもはや」とは前を受けている。「あなたがたは皆、信仰により、キリスト・イエスに結ばれて神の子なのです。洗礼を受けてキリストに結ばれたあなたがたは皆、キリストを着ているからです」。そして「そこではもはや」と続く。キリストを救い主と信じ洗礼を受ける者は罪の赦しに与りキリストに結ばれる、キリストと一体化される。その者は神の子とされ永遠の命を受け継ぐ資格を与えられる。このような者の集まりがキリストの教会と言われる。

そこではもはや①「ユダヤ人もギリシア人もありません」。民族的差別はない。ユダヤ人である故に優れている、ギリシア人（異邦人）である故に劣っていると考えてはいけない。民族の違いは残るとしても皆洗礼を受けて神の子とされている。新しい尊い身分を与えられている者として尊敬し合わなければ。

②「奴隷も自由な身分の者もありません」。社会的差別はない。当時は奴隷制社会で教会に

も結構奴隷の姿が見られた。しかし今や奴隷である故に卑しめられたり、自由な身分（自由人）である故に特別に尊ばれることがあってはいけない。皆神の子とされている大事な存在。あるいは社長と従業員、金持ちと貧しい人といった間においても差別扱いをしてはならない。

③「男も女もありません」。性差別はない。男だから優れている、女だから劣っていると見てはいけない。男と女の違いはあるとしても共に神の子とされていることには変わりはない。共に神に似せて創られた存在（創世記1章27節）。

神の子の集まりとされる教会においては以上のような差別は乗り越えられていると言える。不充分であったとしても。そして今後望ましいことは教会の壁の外において差別がなくなって行くこと。

①ヘイト・スピーチなどあってはならない。人種偏見から来る憎悪の言葉を口にしてはいけない。どの民族も尊ばれねば。

②今日リンカーン等の働きにより奴隷制度はなくなったが、学歴、地位、貧富の差等による分け隔てのないようにしたい。

③同じ労働条件なのに女性故に賃金が安い、昇進が遅れるといった差別があれば是正して行かねば。

どの人も大切にされる社会を目指したい。

95　あなたがたが子であることは、神が、「アッバ、父よ」と叫ぶ御子の霊を、わたしたちの心に送ってくださった事実から分かります

ガラテヤの信徒への手紙4章6節

パウロはこのすぐ前のところで、神が御子イエスをこの世に遣わしたのは私達を神の子とするためだったと述べる。そして今やあなたがたはイエスの十字架の犠牲により罪を赦されて神の子とされている、と。

しかし一寸待った。イエスが神の子ならわかる。イエスは愛に満ち、清さに満ち、力に満ちた存在。誠に神々しくオーラが出ている。そこへゆくと私達はどうか。まるで反対。愛、清さ、力に乏しい。オーラなんか出ていない。悪い匂いを放っている。

この点パウロはあなたがたが子（神の子）であることは次の事実からわかるよ、と言う。どんな事実か。それは神が「アッバ、父よ」と叫ぶ御子の霊を私達の心に送ってくれたという事。神に向かってアッバ（父よ）と呼びかける事が出来ればあなたは神の子とされているよ、という事。こういうことなら有難い。私達はすでにアッバ、父よと口にして祈っているのだから。

アッバはアラム語、イエスの日常用語。ユダヤの家庭では父親に向かって親愛の思いをもってアッバ、アッバ、お父さん、お父さん、と呼んでいた。

そして更にイエスはこの呼びかけを神に向かってなした。同じように親愛の情をこめて神にアッバを連発した。これは驚くべきこと。普通ならそこまでしない。これはイエスが普通でない表れ。つまりイエスには自分は神の子との自覚があったという事（ルカによる福音書2章49節）。事実イエスは神の子、神の独り子に違いなかった。神の実子。

ところで今私達が神にアッバと呼びかけることができる。これは考えてみれば大変なこと。神は天地の造り主《ぬし》。この大きな存在に向けて誠にちっぽけな私が父よ、と声をかける。普通であればこんなことは出来ない。はたから見ればアホかと思われる。しかし本人は真面目くさって父よ、と呼びかけ祈っている。これは尋常ではない。

これはひとえに御子イエスの霊＝聖霊が私達の心に神により送られることによってはじめて可能となること。イエスの十字架はわがためなりと信じて洗礼を受ける者に罪の赦しと聖霊が与えられる。この聖霊に促されて神に父よ、と確信と感謝をもって語りかける。今や神の子（養子）とされている者として。クリスチャンとはそういう人間。

96 キリストがあなたがたの内に形づくられるまで、わたしは、もう一度あなたがたを産もうと苦しんでいます

ガラテヤの信徒への手紙4章19節

パウロは紀元50年頃ガラテヤに足を踏み入れたけれど、その時の様子を少し前の節でこう記している。「わたしの身には、あなたがたにとって試練ともなるようなことがあったのに、さげすんだり、忌み嫌ったりせず、かえって、わたしを神の使いであるかのように、また、キリスト・イエスででもあるかのように、受け入れてくれました」(14節)。パウロはかねて何か病気を持っていたが、それを見てガラテヤの人達は彼をさげすむ、ばかにする、ということはなく神の使いかキリストでも来たように歓迎してくれた。これは嬉しいこと。

そこでパウロが力を注いだことは「キリストがあなたがたの内に形づくられる」ことだった。それはどういうこと？　キリストの十字架と復活を彼らの心の内に刻むこと、と言ってよいのでは。キリストはあなたの罪が赦されるために十字架にかかって犠牲となってくれた、その後キリストは復活して今生きている者としてあなたと共にいる。このようなキリスト像をパウロはガラテヤの人々の心の内に彫刻した。そしてそれは成功したよう。

ところがどっこい、それは長続きしなかった。このキリストの形、姿がぼやけてきた。どこかにふっとんでしまった。パウロの失望、落胆は大きかった。どうしてこんなことになってしまったのか。それはパウロがこの地を去った後に入りこんで来た「あの者たち」による働きかけだった。彼らがパウロとガラテヤの人達の「引き離し」にかかった。彼らは熱心に主張した。「パウロは本物の使徒ではない。パウロの告げた福音は偽り。人はキリストへの信仰だけでは救われず、割礼をはじめとしてユダヤの諸律法を守らなければ救われない」。果たしてこれになびく人が続々と出て来た。

パウロはこの様子を伝え聞いて危機感を強めた。このままでは結局のところキリスト抜きのユダヤ教に、律法宗教に後退してしまう。キリストの十字架と復活はわがためなり、この一点に固く立たねば。このためにパウロはもう一度産みの苦しみを味わうとしている。それは「キリストがあなたがたの内に形づくられる」こと、産み出され、刻まれること。このパウロの産みの苦しみは今日に生きる私達に対してもなされているのでは。今私の心にキリストの形が鮮明であれば幸い。この形をいつまでもわが心にとどめ歩んで行こう。

97　キリスト・イエスに結ばれていれば、割礼の有無は問題ではなく、愛の実践を伴う信仰こそ大切です

ガラテヤの信徒への手紙5章6節

「キリスト・イエスに結ばれ」るとはキリストが、私の罪が神によって赦されるために十字架についてくれたことを信じて洗礼を受けること。洗礼はキリストとの結婚式。これからは花婿キリストと共に歩んで行くことに。「同行二人」。

そうした者には「割礼の有無は問題ではな」い。割礼は律法の中で最重要なものの一つ。この儀式によってユダヤ人になる、ユダヤ教徒となる。パウロはそうした一人だった。そのパウロが今はそんなことは問題じゃないよ、と大変な「問題発言」。ユダヤ人が聞いたら頭にカッと血がのぼるだろう。

何んでそんな乱暴なことを言う。それは律法、割礼を守っても救われないとわかったから。パウロはすでに赤ん坊の時に割礼は受けている。その他の全部の律法を守ろうと誰よりも熱心だった。律法の実行によって神から義とされる、受け入れられる、救われると信じて。しかし結果は無残なものだった。律法の全てを守ることは出来ず、自分の至らなさ、罪、弱さを知ら

されるばかり。

そんな彼に一条の光が射し込む。それは十字架につけられたキリストを信じれば義とされるという道だった。行い、善いわざは一切不要。ただキリスト信仰。これにより罪が赦され、神との交わりに入り、永遠の命を与えられる。ここに至って彼ははじめて深い平安に与ることが出来た。

だから割礼の有無は問題でなく「信仰こそ大切」だよ、と。そしてパウロはここで「愛の実践」ということを持ち出す。一体に彼の手紙はローマの信徒への手紙などもそうだけれど、まず信仰とはどういうものであるかを説き、次に生き方、実践を述べる。このガラテヤの信徒への手紙も同じ。そしてそこには彼に対する批判も覚えられているだろう――パウロの奴は律法（そこには人への愛も含まれている）を軽んじている、無視している、とんでもない野郎だ。

しかしこれは誤解というもの。彼は律法主義者ではないけれど無律法主義者でもない。ちゃんと愛の実践を掲げている。キリスト信仰は必ず隣人愛を生み出すものだと。愛を生まない信仰なんてあり得ない。

ただ順序が大事。律法、愛の実行で人は救われるのではない。そんな簡単に人は愛せない。その方向は行き詰まる。まず十字架についたキリストに目を注ぐこと、わがためなりと信じ罪を赦されること。行いはその次ということになる。

98 霊の結ぶ実は愛であり、喜び、平和、寛容、親切、善意、誠実、柔和、節制です

ガラテヤの信徒への手紙5章22〜23節

パウロはこの前のところで「肉の業《わざ》」として15の悪徳をあげている。「姦淫、わいせつ、好色、偶像礼拝、魔術、敵意、争い、そねみ、怒り、利己心、不和、仲間争い、ねたみ、泥酔、酒宴」。これらが肉の業、生来の人間の望むところ、行っているところだと言う。

「これに対して、霊の結ぶ実は愛であり……」と9つのものをあげている。どれもよいものであるけれど、果たしてこれらは身につくものだろうか。絵にかいた餅にならないか。確かに生れながらの人間には困難がともなうというもの。

筆頭にあげている愛。これは真に素晴らしいもの。聖書には「隣人を自分のように愛しなさい」とある。真に美しい言葉。だが待てよ、人間はそんな簡単に人を愛せるのか。人間は「利己心」の固まり、自分が一番に大切、他人のことなんか構っていられない、これが正直なところ。

この点パウロはよく承知しているのだろう。だから「霊の結ぶ実」などと言う。それは霊が

結ばせてくれる実（カルポス＝フルーツ）なんだと。ここで霊というのは霊魂のことではなく「聖霊」のこと。

聖霊は何よりも復活したキリストの霊のこと。キリストは十字架、埋葬を経て死後3日目に復活して天に帰った。今栄光の体をもって父なる神の右に坐している。そして同時に聖霊において地上の教会に、信徒に宿っていてくれる。もはや肉眼には見えない、聖霊なる姿において共にいてくれる。

この聖霊が私の内にあって人間改造のわざを少しずつ推し進めてくれる。利己心、自分中心の心の壁にのみを当て穴をあけようとしてくれる。そして他人の苦しみ、悲しみが受けとめられるように、必要な手助けが出来るように仕向けてくれる。これが愛のわざというものだろう。それはすぐれて聖霊が私の内にあってもたらしてくれる果実というもの。

2番目の「喜び」といったものもそうだろう。今生きていることに喜びを感じる、辛い状況にあってもなお喜びを覚える。こんなことは普通ありっこない。しかしそこにひと度聖霊の風が吹くならば、キリストが聖霊としてあなたを訪ね、あなたの内に宿るなら、喜びがもたらされるに違いない。それは主（キリスト）が共に歩み、一緒に生きてくれることなんだから。この一度限りの人生、喜びをもって生きたいもの。

99　互いに重荷を担いなさい

ガラテヤの信徒への手紙6章2節

重荷ってなんだろう。それは重い荷物と書くけれど意味としては大変に重い負担、事柄、課題といったものを指すだろう。そして「互いに」と言うのだから皆んななんらかの重荷を負っているという前提でパウロは語りかけている。

その重荷とは何か。①「人の持っている弱さとか過ちとか罪」といったものではないか。これはパウロがすぐ前で言っているところから導き出される。少し長いけど引用。「兄弟たち、万一だれかが不注意にも何かの罪に陥ったなら……そういう人を柔和な心で正しい道に立ち帰らせなさい。あなた自身も誘惑されないように、自分に気をつけなさい」。

パウロがわざわざこのように書いているということはガラテヤ教会員の中に「万一だれかが不注意にも何かの罪に陥」る可能性があるということ、そして実際にあったということではないか。そんな場合にはその人に対して柔和な心で、優しく穏やかに接して正しい道に立ち帰らせなさいよ、忠告するあなた自身も誘惑されないように気をつけよ、とパウロは言っている。

クリスチャンになったと言ってもまだまだ信仰は弱い、意志も強固ではない、様々な欲望もなおうごめいている。いつ罪に陥るかわからない、いつ誘惑に負けてしまうかわからない。充分に注意を払っていても残念ながらそんな目にあったりする。そして姦淫とか偶像礼拝とか争いとか泥酔、その他の罪、過ちに陥ってしまう。

そんな弱さという重荷を持つのが人間。そこのところを互いに理解し合い、支え合い、励まし合う、これが「互いに重荷を担いなさい」ということになる。

それから重荷ということで、②「その人その人の固有の重荷」が考えられる。その人が持っている重い病気、障害というもの、あるいは家族にそうした人がいる。自ら罪を犯したり身内にそうした人がいる。自然災害により親しい者を失くした、家を流された。大きな借金をかかえている。人に裏切られた等々。その中身は人によって様々。人は多かれ少なかれなんらかの重荷を負っている。

そこのところを互いに理解し合う、支え合う、励まし合う。これが「互いに重荷を担う」ということに通じるのではないか。この関連で次のイエスの言葉を覚えることは助けになるかも。「疲れた者、重荷を負う者は、だれでもわたしのもとに来なさい。休ませてあげよう」（マタイによる福音書11章28節）。イエスに重荷を委ねること。

100 わたしは、イエスの焼き印を身に受けているのです

ガラテヤの信徒への手紙6章17節

「イエスの焼き印を身に受けている」とはどういうことだろう。① それはパウロ自身、イエスの「奴隷」であることを物語っている。当時奴隷と呼ばれる人々がいて、彼らの体には誰それの所有であることを示す焼き印（スティグマ）が押された。火で熱した金属製の印を腕などにジュッと押し当てられる。そうするとこの印は容易に消すことは出来ない。逃亡してもすぐに奴隷であること、誰の所有であるかわかってしまう。

かねてパウロは自分は「キリスト・イエスの僕《しもべ》」（ローマの信徒への手紙1章1節）なんだと言っていた。僕と訳されているドゥーロスは本来奴隷という事。イエスの奴隷と訳してよい。この方がパウロの身分がはっきりする。つまり私の主人、所有者はイエスである、自分はこの人の意のままに動く者である、という事。

パウロがイエスの奴隷となったのはイエスが自分のために十字架にかかって死んでくれたことを知った時。罪人の頭《かしら》のような自分のためにイエスは一身をなげうって私の罪の償いを神に支払ってくれた。こうして自分はイエスの側に買い取られた。イエスの焼き印を押されイエス

のものとなった。今やパウロには肉体にではなく心の内にイエスの赤い（血の）焼き印を押されている。この焼き印をパウロは感謝し、誇った。

②次にパウロにとってのイエスの焼き印はイエスの故にこうむった「傷跡」を言っている。パウロはあの十字架につけられたイエスこそ神の子、メシアであると宣べ伝えた。それまではアンチ・クリストでこり固まっていたパウロが手のひらを反した。この裏切り者、ということで同胞ユダヤ人から最も苛酷な迫害を受けるに至る。

パウロはこう記している。「ユダヤ人から四十に一つ足りない鞭を受けたことが五度」（コリントの信徒への手紙二11章24節）。それは凄《すさ》まじいものだった。パウロの背中には幾重ものみみず腫《ば》れが走っていたことだろう。そしてそれは先にイエスのこうむった体験だった（マルコによる福音書15章15節）。

そして今パウロは思う。この痛い傷跡はイエスのせい、イエスを宣伝しイエスの証人となったばかりにこうむった。イエスから押されたような熱い焼き印。しかしこの傷跡を見れば人は思ってくれるだろう、イエスのことを。これはイエスから与えられた勲章。思えば私達は世に生きる限り様々な痛い傷跡を身に帯びる。これは自分がイエスのものである印、またよくイエスのものとされる印と受け取れないだろうか。

おわりに

私は先に『イエスの言葉100選』を書きましたが、今回は『パウロの言葉100選』になりました。これは自然の流れと言ったらよいでしょうか。イエスは私にとって唯一の救い主《ぬし》ですが、パウロは私にとって信仰の導き手なんですね。彼はキリスト教信仰とは何か、信仰をもって生きるとはどういうことか、この消息を力強く語ってくれるのです。私にとってパウロはイエスと共になくてはならない存在です。多くの信者さんにとってもそうでしょう。

本書は私が今仕えている新横浜教会での説教を出来るだけ平易に書いたものです。まだ教会に来ていない人々にもパウロという人物に親近感をもってもらえれば幸いです。

折から日本、世界は新型コロナウイルスの脅威の只中にあります。この感染症は人と人との交流を妨げる、誠にやっかいな疫病です。人は孤立に追いやられたり、死に見舞われたり、経済活動も容易ならぬ状況です。いずれよい治療法も見い出されることでしょうが、それまで私達はこの時を忍耐強く歩んで行かなければなりませんね。

こんな状況下にあってパウロの言葉は大きな励ましを与えてくれるに違いありません。ローマの信徒への手紙8章28節「万事が益となる」、コリントの信徒への手紙一10章13節「耐えられないような試練に遭《あ》わせることはなさらず」、コリントの信徒への手紙二4章8節「四方から苦しめられても行き詰まらず、途方に暮れても失望せず」。こんなパウロの不屈の精神は彼の内に宿るキリスト・イエスのお陰でした。私達もこの困難な日々、イエスとパウロを近くに覚えることが出来ればどんなにか心強いことかと思います。

本書出版に当たっては教団出版局の秦一紀さんに大変お世話になりました。深く感謝します。

河合裕志（かわい　ひろし）

1942 年　東京都に生まれる
1967 年　東京神学大学大学院卒業（神学修士）
東京・砂町教会、秋田・鷹巣教会、東京・西新井教会、三宅島伝道所代務者を経て、現在、新横浜教会牧師。愛恵福祉支援財団理事。
著書：『わたしたちの信仰── 日本基督教団信仰告白による』（キリスト新聞社、2012 年第三刷）、『イエスの言葉 100 選』（日本キリスト教団出版局、2018 年第二刷）、『続・イエスの言葉 100 選』（日本キリスト教団出版局、2016 年）
住所：221-0864 神奈川県横浜市神奈川区菅田町 2851（新横浜教会内）
電話・ファックス：045（473）7191

装　　丁：熊谷博人
カバー表：パウロのイコン像（作者不詳）
フィリピにあるリディアの教会で求めたもの
カバー裏：新横浜教会ステンドグラス「鶏鳴」
原画：田中忠雄
（写真：野村隆明）

パウロの言葉 100 選

2020 年 11 月 25 日　初版発行

著　者　河　合　裕　志
発　行　日本キリスト教団出版局出版企画課
発　売　日本キリスト教団出版局
169-0051　東京都新宿区西早稲田 2 丁目 3 の 18
電話・営業 03（3204）0422、編集 03（3204）0424
http://bp-uccj.jp
印刷・製本　三秀舎

ISBN 978-4-8184-5553-5　C0016　日キ版
Printed in Japan